NF文庫
ノンフィクション

日本人が勝った痛快な戦い

子々孫々に語りつぐサムライの戦術

杉山徹宗

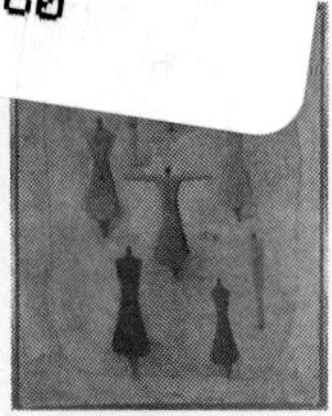

潮書房光人新社

日本人が関わった架空言語の研究

はじめに

日本は白鳳時代といわれた天智天皇の治世六六三年に、百済《くだら》の再興を助けるために、朝鮮半島へ出兵したが、白村江《はくすきのえ》の戦いに唐軍に敗れて大陸から撤兵した。以来三百五十年間というもの軍隊を大動員するような外敵もなく、また日本から外へ出兵することもなく過ごしてきた。

逆に大がかりな外敵の侵略といえば、一〇一九年に女真族《じょしんぞく》の一派である刀伊《とい》の入寇があるが、刀伊は五十余艘で北九州地方を襲い、殺害されたもの四百人、拉致《らち》されたもの一千人のほか、牛馬も数百頭を拉致していったと記録にある。

ところが、それから二五五年後の一二七四年になると、蒙古軍団が日本に来襲するなど、外国軍との大規模な戦争が開始され、しかも、そのすべての対外戦争での相手は当時の超大国であったが、日本軍はいずれの戦闘においても大勝利をおさめてきた。

日本が未曾有の敗北を喫したのは、二十世紀の中葉におこなわれた米国との戦争であるが、それでも、四年間にわたって米軍を苦しめぬいた戦いであった。

元寇《げんこう》の役いらい、七百年間にわたる外国との戦争で、それも大勝につぐ大勝をかさねた民族は世界の歴史を振り返っても、どこにも見当たらない。大東亜戦争時代、陸海軍が「無敵」を呼号《こごう》したのも、決して虚勢から出たものではなく、過去七百年間の大勝利に裏打ちされた事実があったからである。

古来、戦争から得られる教訓は、勝利の戦いよりも敗北した戦いからの方が、より多くの教訓が得られるといわれるが、少なくとも、日本は元寇いらい二十世紀まで国家として外国軍と戦って大敗北の歴史がなく、それどころか外国軍との戦いではつねに大勝利をおさめてきたから、じつは対外戦争に関しては敗北よりもむしろ大勝利からの教訓をさぐるほうが妥当である。

さて、戦争は憎悪と憎悪のぶつかり合いであると同時に、集団と集団との争いでもある。だが、一〜二の例外を除いて、敵との決戦にさいして重要となるのは、部隊を指揮する指揮官の資質である。そしてこのことは、企業経営にも応用ができる内容を多くふくんでおり、示唆《しさ》にも富んでいる。

ところが国家として最も拙劣《せつれつ》であったことは、戦後、日本は国家の運営から「軍事」という背骨にもひとしい柱をはずしてしまい、もっぱら「経済」だけを核にすえて商人国家として運営をおこなってきたことである。

その結果、商人国家として成功はしたが、その代償として国家観・歴史観を喪失したことは痛恨の極みであった。戦争直後のアメリカの対日戦略は、日本という軍事強国を何としても弱小国家の地位に落としたいために、日本人にしっかり根づいていた武士としての精神を骨抜きにすることであったが、みごとに嵌《はま》ってしまった。

過去、千三百年間に日本をおそった国家的危機は数多くあるが、それらの危機を乗りきることができたのはまさに「軍事」の大切さを国民すべてが認識していたからである。大東亜戦争後、世界にまったく戦争のない平和な社会が招来されたのならともかく、終戦直後から世界中で軍事紛争が多発し今日にいたっている。

それゆえ、軍事や戦史、歴史についての常識を身につけることが、いまわれわれ日本人の急務である。とくに元寇の役いらい七百年間にわたって、超大国との戦争に勝ちぬいてきた輝かしいサムライの戦いぶりは、ぜひ子々孫々の代まで語りつぐ必要がある。本書により、一人でも多くの方が軍事や戦史について認識を新たにすることができたと感じてくだされば幸いである。

本書を元帝国海軍少佐・長石一治氏に捧げる

葉山にて　著　者

日本人が勝った痛快な戦い——目次

はじめに　3

第一部　元寇と朝鮮出兵

第一章　元寇の役

第二章　泗川の戦い

第三部　日露戦争

第五章　奉天大会戦

第六章　日本海海戦

日本人が勝った痛快な戦い

——子々孫々に語りつぐサムライの戦術

第一部　元寇と朝鮮出兵

第一章　元寇の役〔一二七四年／文永の役、一二八一年／弘安の役〕

――なぜ鎌倉武士がモンゴル帝国軍団を撃退できたのか

【1】史上最大の帝国

日本が国家として開闢《かいびゃく》して以来、最初にして最大の危機は、ユーラシア大陸を支配したモンゴル人（元帝国）からの侵攻事件であった。

モンゴル軍団のエネルギーは、当時の世界的大国をつぎつぎと撃破し傘下にくわえたが、モンゴルの傘下に入ろうとせず抵抗した国にたいしては、ペンペン草も生えないほどに、徹底的な破壊と殺戮《さつりく》をおこなった。

なぜ、ジンギス汗は征西をはじめたのかといえば、彼は西方にはペルシア系白人国家が多く存在し、高い文化のもとに豊かな生活を営んでいるという情報を得ていたので、通商によって利益をあげることを考え、モンゴル地方の物産を多くつんだ隊商を、まず西域の大国である「フェルガナ（大宛国）」に送り込んだ。

ところが大宛国《だいえんこく》側は、卑怯にも隊商の荷物を奪ったのみならず、モンゴル商人たちを皆殺しにしてしまった。事実を知ったジンギス汗は激怒してフェルガナ征伐に乗り出し、フェルガナ国王や王族のみならず、軍隊から一般市民・農民の老若男女の生きとし生けるものすべてを殺戮してしまった。

一人生き残ったフェルガナ王子は、必死になってインド方面まで逃げたが、モンゴル軍はこれを執拗に追撃し、ついにインダス川下流で彼に追いつき殺害した。こうしてジンギス汗は、抵抗するものにたいしては容赦なく殺戮したが、従うものにたいしては彼らが信ずる宗教を認めるなど、寛大な措置をしめしつつ西にむかって軍を進めていった。

ちなみにモンゴル軍団によって滅亡させられた大国は、フェルガナ国をはじめとして、金《きん》王国、西夏《せいか》王国、南宋《なんそう》、吐蕃《とばん》王国、大理《だいり》王国、大越《だいえつ》王国、西遼《せいりょう》王国、ゴール王国、ホラズム王国、アッバース帝国などがあるが、これらの王国はそれぞれの各地域では「大国」として君臨していた国家であった。

また、モンゴル軍団と一戦をまじえたが大敗北を喫して蹂躙《じゅうりん》されたり、その傘下に組み込まれた主な大国は、キエフ公国、ドイツ騎士団、ポーランド王国、ハンガリー王国、モラビア王国、ヴェネツィア共和国、セルビア王国、ブルガリア王国、ビザンチン帝国、セルジュ

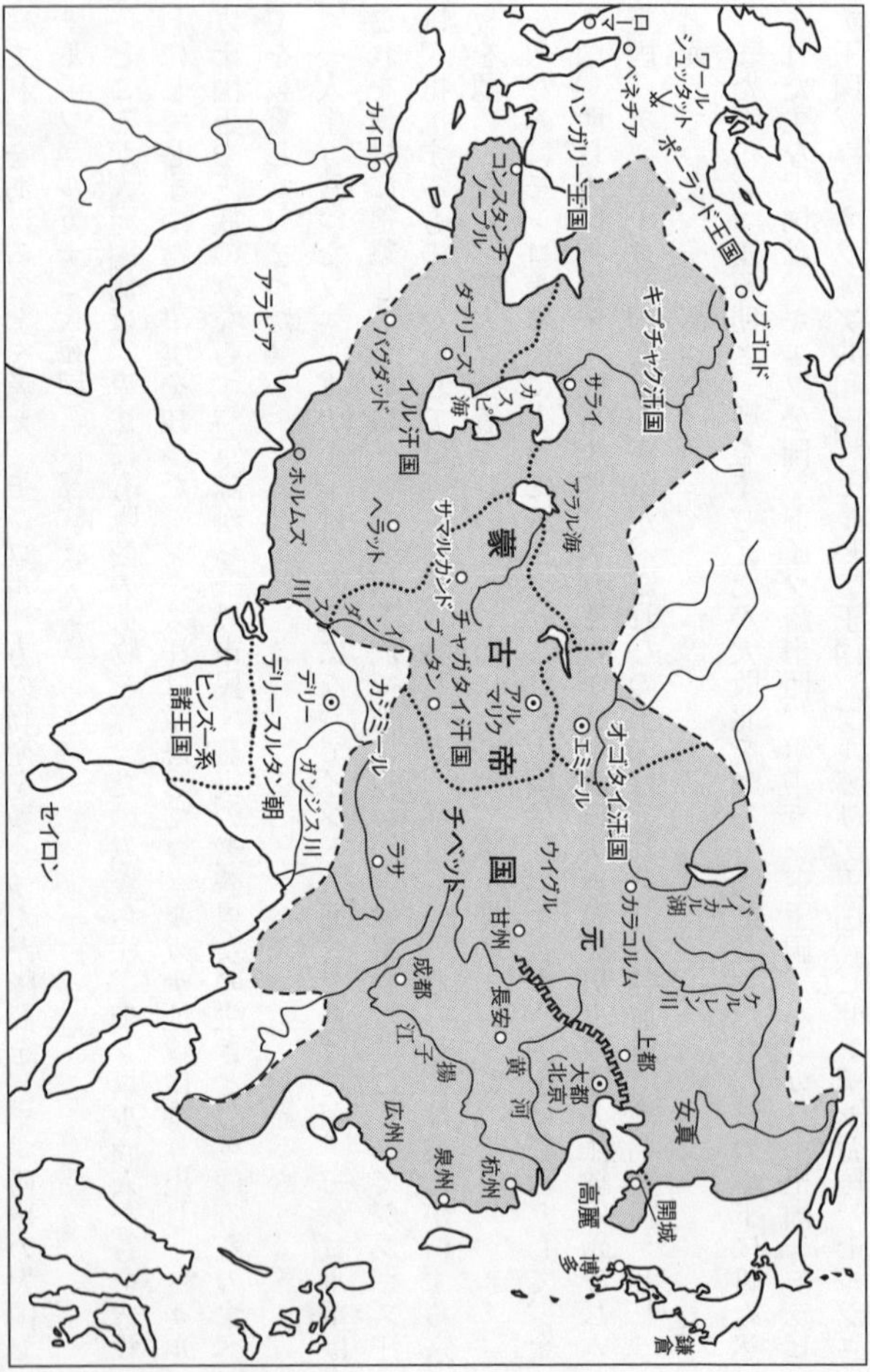

ワールシュタット
ローマ
ベネチア
ポーランド王国
ハンガリー王国
カイロ
コンスタンチノープル
ノブゴロド
キプチャク汗国
タブリーズ
バグダッド
アラビア
サライ
カスピ海
イル汗国
ホルムズ
ヘラット
アラル海
サマルカンド
蒙古帝国
チャガタイ汗国
アルマリク
インダス川
カシミール
デリー
デリースルタン朝
ヒンズー系諸王国
セイロン
ガンジス川
ラサ
チベット
エミール
オゴタイ汗国
ウイグル
カラコルム
バイカル湖
元
ケルレン川
甘州
長安
成都
上都
大都（北京）
黄河
揚子江
広州
泉州
杭州
女真
高麗
開城
博多
鎌倉

ク＝トルコ王国、カンボジア王国、パガン王国（ビルマ）、チャンパ王国、シュリーヴィジャヤ王国、高麗《こうらい》王国などがあった。

その他、地図に載せるまでもない小国や土侯国は数えきれないほど多くあったが、いずれもモンゴル軍団に蹂躙《じゅうりん》され歴史から抹殺されてしまったものが多い。こうしてモンゴル軍団が掌中におさめた総面積は、三七五二万平方キロという空前絶後の広さであったが、これほどの大国と地域をわずか七十年でその領域におさめてしまったモンゴル軍団の勢いは、史上空前であり、後にも先にもなかった征服事業であった。

ちなみに現在のロシア連邦の面積は一七〇〇万平方キロ、中国は九六〇万平方キロ、アメリカ合衆国は九三七万平方キロ、日本は三七万平方キロであるから、これらと比較してみると、モンゴル帝国の広大さが理解できよう。

そのモンゴル軍が高麗を傘下におさめ、南宋を滅ぼした余勢をかって鎌倉幕府に臣従をせまってきたのである。モンゴル軍というものが、いかに凄まじい史上最強、無敵の恐ろしい軍団であったかは、以上の事跡をみても理解できよう。

モンゴル軍団圧勝の秘密とは

モンゴル軍団がなぜ、これほど強かったのか。モンゴル軍団の戦闘ぶりを振り返ってみると、八つほどの理由が考えられる。そして八つの理由のうち、一～七まではジンギス汗自身の発想で取り入れられたもので、遠征にあたっては入念な準備を進めた。

第一に、モンゴル軍団全体が「軽武装」であったことである。馬に乗って長距離を疾駆しつづけなければならない軍隊としては、人馬ともに疲労は敵である。彼らの武装はといえば、鎧《よろい》も兜《かぶと》も羊や牛の毛皮をなめしたものを二枚ないし三枚かさね、これに頭部や胸部に薄い鉄板をあてて身体をまもっていた。

彼らは大陸性気候のなかを疾駆し、厳しい寒さのなかでも野営をしなければならないため、鎧で身をまもるよりもまず寒さから身をまもることを最重要視していたのである。

このため、彼らは分厚いオーバーのような服を着込んだが、寒い時期の戦闘にさいしてはこれを着用したまま戦いに望むこともしばしばであった。もちろん野営をするときには、これがそのまま毛布の役割を果たし、戦闘にさいしては防御の役割も兼務していた。

第二に、「機動力」である。ジンギス汗が生まれる以前からモンゴルでは、彼らは戦旅に出る場合、一人一人の兵士がかならず二頭以上の替え馬を用意して出かける習慣があった。馬が疲れればすぐに替え馬に乗りかえ、速度を落とすことなく目的地へ疾走することができた。

ジンギス汗は、この馬の機動力に着目し、それまで一人で二頭ほどの替え馬であったものを長期の遠征にさいしては、一人について四～五頭にふやし、そのための馬の増産をさかんに行なって長期遠征にそなえた。

モンゴル馬は体型こそアラブ馬などより小型だったが、モンゴル草原一帯の牧草はきわめて栄養にとんだ餌であり、モンゴル馬の耐久力とスピードを育んできた。しかもモンゴル人たちは、四千年以上にもわたって優れた軍馬を大量につくり出すための交配をくり返してきた。

こうして数万の軍勢は十数万の軍馬をひきつれて、千キロの大平原を一週間で踏破したが、味方への救援や逃げる敵への追撃戦では、機動力がいかんなく発揮された。

第三に、長距離を飛翔する強い矢と、張り合わせてつくった「短い弓（コンポジット・ボウ）」である。その射程距離は、同時代のいかなる矢よりも早く遠くへ確実に飛ばすことができた。

しかも弓矢ともに小さくて軽いから、矢筒には大量の矢を収納することができるうえに、敵との戦闘になると、敵が一本の矢を放つ間に三～五本も発射することができ、そのうえ密集戦法で走る馬上から一斉に連続しながら矢を放つため、空はあたかも真っ黒な黒雲の襲来かと思わせるほどに覆《おお》われ、しかも確実に敵兵を傷つけることができた。

『ドーソン蒙古史』によれば、バツーの一隊がモラビア王国（現在のチェコ）の城を攻めたときの様子を、つぎのように描写している。

「野蛮人（モンゴル軍）は、時に市民を威嚇《いかく》せんとして一斉に無数の矢を射て、あたかも雲のごとく城市をおおい、あたかも霧のごとく城内に雨下せしめたり」と。

いかにモンゴル軍の矢が心理的にも、実用兵器としても恐ろしい武器であったかが分かる。現代でいえば連続して発射される大量のロケット弾であった。

第四に、モンゴル軍は「全員が騎馬軍団」として構成されていたことである。モンゴル軍が対戦した相手は、いずれも国王を中心とした常備軍をもつ軍隊であるため、騎兵となるものは騎士や士官クラスであり、他は歩兵部隊が主力であった。当時の常識では騎乗して歩兵にあたる場合、馬は現代の戦車の役割を果たして、歩兵を蹄《ひづめ》で蹴散らすので、歩兵はきわめて不利であった。

しかも軍馬に乗って敵に接近する前に、モンゴル軍は大量の矢を放っているから、敵の歩兵はほとんどが矢傷を負っており、押し寄せるモンゴル軍馬に乗る敵と戦うには、あまりにも不利であった。モンゴル軍はもっぱら弓矢の戦闘で合戦の帰趨《きすう》を決めるほどで、初めから剣をもって白兵戦をすることはめったになかった。

また味方が傷ついて倒れた場合でも、味方が騎乗したまま素早く駆け寄り、拾い上げて馬に乗せて戦場を離脱したため、戦場に転がる死体は敵兵ばかりであり、士気に大きく影響した。

第五に、戦いにさいしては必ず「集団戦法」をとったことである。味方が射た矢で傷を負った一人の敵にたいし、四人から五人でとり囲み、前後左右から襲いかかって切り殺す戦法をとっていた。遊牧民族の戦いぶりは一般に集団戦法をとるが、ジンギス汗ひきいるモンゴル軍は集団戦法を徹底して活用していた。

徹底した殺戮と信仰の自由

第六に、モンゴル軍に刃向かった強敵は、降伏しても許さずに徹底的に殺戮《さつりく》し、「復讐の禍根を絶」ってしまったから、後ろから襲われる心配がなかったことである。

ひとたびモンゴル軍団が蹂躪した地では、反乱や裏切りなどは一切発生せず、後顧の憂いなく進撃作戦のみに集中できた。

万一、モンゴル軍を裏切ったり反乱を起こした場合には、反乱軍のみならず、反乱軍の所属する地域の婦女子・老人など無抵抗な者をふくむすべての人間を殺戮し、モンゴル軍の恐ろしさを徹底させ、復讐に立ち上がる人間が皆無の状態にしてから軍を進めたが、まさに後顧の憂いを断つやり方でこれほど安全な進撃はなかった。

モンゴル軍の無抵抗な者までも殺戮するというやり方は、たちまち周辺諸国や部族につたわり、モンゴル軍馬の蹄《ひづめ》の音を聞いただけで抵抗する気力を喪失し、ただちに降伏の使者を送って恭順《きょうじゅん》をしめした。

余談ながら、元寇《げんこう》の役で対馬《つしま》や壱岐《いき》などに来襲した蒙古軍は、抵抗したサムライのみならず、島の老若男女のすべてを残酷な殺戮の対象とし、赤子でさえも大木に縛りつけて遠くから投げ槍や弓矢の標的としていたという記録が残っている。

第七に、征服した地域や国を支配するさいに、被支配地の住民が信仰していた「宗教を自由に認めた」ことである。二十一世紀の現代とは異なり、当時の人びとのよりどころは何といっても信仰であった。多神教にせよ一神教にせよ、人びとは神に祈ることによって、精神的安定のみならず、生活の基盤ともしていたからである。

モンゴル人が征服地の支配に巧みであったのは、彼らが信仰するラマ教を決して被征服地に強制しなかったことである。このことが異民族の精神的安定に寄与し、ジンギス汗への服従を容易にさせ、モンゴル帝国をして空前絶後の巨大領土を維持することができたといえよう。

ちなみに、ジンギス汗と同じ発想でローマ帝国の基盤をきずいたのがジュリアス・シーザーである。彼は、ガリア地方（現フランス）を手始めに多くの野蛮地帯を征服したが、被征服地の宗教をみとめ、さらに被征服地の住民もローマ市民と同等にあつかう寛容さを示した。このことが、ローマ帝国の領土を拡大させただけでなく、その後、数百年間にわたってローマを存続させた原動力となっていたのである。

第八に、モンゴルの騎馬軍団を縦横無尽に活躍させた「大平原の存在」である。馬が疾駆するモンゴル平原から中央アジアの平原、そしてロシア平原から東欧にいたる地形は、荒野とステップ気候地帯、そして大森林のあるタイガ気候地帯のため、騎馬の進撃を妨害するような切り立った山脈や海洋など自然の障害がほとんどなかったことも、大いに幸いした。

のちに漢民族の住む南宋や高麗を襲ったときも、万里の長城から淮河《わいが》にいたる華北一帯と、満州から朝鮮半島にいたる地域までは騎馬戦の障害となる地形はほとんどなく、わずかに揚子江を超えて南部の水田地帯に侵攻したときが、進撃の足をゆるめさせただけであった。

この大平原に着目し、替え馬を引きつれた騎馬軍団で数千キロかなたまで征服するという発想は、ジンギス汗が史上初めてであった。

騎馬部隊をつかって征服事業に乗り出したのは、十七世紀にロシア・コサックがシベリア遠征に乗り出したのが第二の例であり、十八世紀末から十九世紀末にかけて、米国人がインディアン撲滅《ぼくめつ》に騎兵隊をつかっておこなったのが、第三の例である。

ただ一回の会戦だけで敵を殲滅

さて、それではモンゴル軍のユーラシア大陸平原における戦闘場面を再現してみよう。

モンゴル軍団の戦法は騎馬軍団による密集戦法にあったが、大平原で対峙した双方の軍団は、戦いの合図とともに雄叫びを上げて接近するが、モンゴル軍団は騎乗して疾駆しながら、短弓に矢をつがえて敵に向かって連射をおこなう。

それは前述したように雲霞《うんか》のごとく上空をおおって陽の光さえもさえぎるほど、真っ黒になって迫りくる敵の集団の頭上に雨あられのごとく落下し、敵を傷つける。そして手傷を負った敵がひるむ間に軍馬で殺到したモンゴル兵は、比較的短い剣で弱った一人の敵を四〜五人の集団でおそい、馬上から突きさして止めを刺す戦闘方法をとった。

この戦法は第一回の会戦だけで敵を殲滅《せんめつ》させることができたので、あとから戦場へ駆けつける敵の援軍や別働隊がモンゴル軍を襲ういとまを与えず、いずれの国の軍勢も太刀打ちできるものではなかった。

モンゴル軍のために敗北を喫し、やむをえず城砦《じょうさい》にこもる敵にたいしては、これを包囲して籠城戦にさそい込み、食糧がなくなる前の最後の突撃のために、城門をひらいて討って出る城兵にたいしても、遠方から短弓の餌食とし、軍馬で蹴ちらしてから剣をつき刺す戦法で粉砕した。

現代的表現をつかえば、空爆で相手をたたき、すかさず戦車で相手を蹂躪し去るという方法であるから、モンゴル軍団の戦法にかなう軍団は大陸諸国には存在しなかった。

戦場においては古今東西を通じて、陸上・海上をとわず、また攻勢をかけるにしても、退《ひ》くにしてもスピードは命であり、敵よりもスピードが優ったほうが勝利を手にしてしまうのは公理である。ジンギス汗に率いられたモンゴル軍団は、ユーラシア大陸にあった同時期のいかなる敵よりも、速くかつ大軍を動かすことができたことで無敵の存在になった。

【2】日本刀の威力

その恐ろしい戦法を持つフビライの軍団が、黄金を大量に産出すると噂された鎌倉期の日本（ジパング）に襲いかかったのである。西暦一二七四年（文永十一年）、モンゴル軍は四万の軍勢が九百隻の船に分乗し、対馬《つしま》、壱岐《いき》をおそったあと九州・博多湾に上陸してきた。

だが、モンゴル軍団にとって、日本という国の自然地理と鎌倉武士という相手は、これまでの相手とは全く異なる敵であった。戦さの場にある両軍を純軍事的に見れば、以下の点が上げられる。

複雑な地形で軍馬がつかえなかった

まず、モンゴル兵を最初にとまどわせたのは、海をはさんでの遠征のため、軍馬（戦車）をつれて行けなかったことである。馬に乗らずに船に乗って海上に乗り出すということを、ほとんどその人生で行なったことのない遊牧騎馬民族にとっては、はなはだ勝手が違ったのである。

つまり軍馬にのって平原を疾駆しつつ矢を大量に発射することができず、したがって矢弾《やだま》で傷つき弱った敵に軍馬の集団でおそいかかるという得意の戦法を使用できないことが、まず最初の齟齬《そご》であった。

さらに上陸してみて驚いたのは、その地形であった。文永の役では、はじめは鎌倉武士のいない地点に上陸できたが、平原などはどこにも見当たらなかった。

浜辺から上がるとすぐに畑と田んぼがあり、それを過ぎると潅木《かんぼく》が密集する山につきあたり、前進をはばまれるため山を迂回すると、こんどは灌漑《かんがい》用の溜池《ためいけ》と山から流れる多数の川にぶつかり、そのたびに馬を降りることを繰り返し、大平原を疾駆するような具合にはいかなかった。つまり、ジパングで戦う場合は、軍馬が全くつかえず徒歩で戦うしか方法がなかったことである。

もう一つの決定的な齟齬は、鎌倉武士という異質のサムライ軍団であった。モンゴル軍団の戦い方は、あくまでも敵の射程距離外から攻撃をくわえるもので、決してまともな接近戦はせず、接近戦をするときの相手はすでに手傷を負っていて、十分に戦うことができないようになっていた。

アジア勢はもとより、ヨーロッパの軍団も騎士だけは重武装であったが、一般兵士は胸当てだけが薄い鉄で、あとは綿でできた服を着ているだけであったから、モンゴル勢の矢は腕や脚に確実につき刺さった。

これに対して、鎌倉武士の鎧兜《よろいかぶと》は重さが三十キロ以上もあるきわめて重厚な造りであり、矢が数本ささったくらいでは手傷を負うことはなく、平然として接近戦を挑んできた。鎌倉武士はあくまでも一人対一人の勝負を挑んだが、モンゴル兵士は集団でとりかこんで仕掛ける戦法をとった。

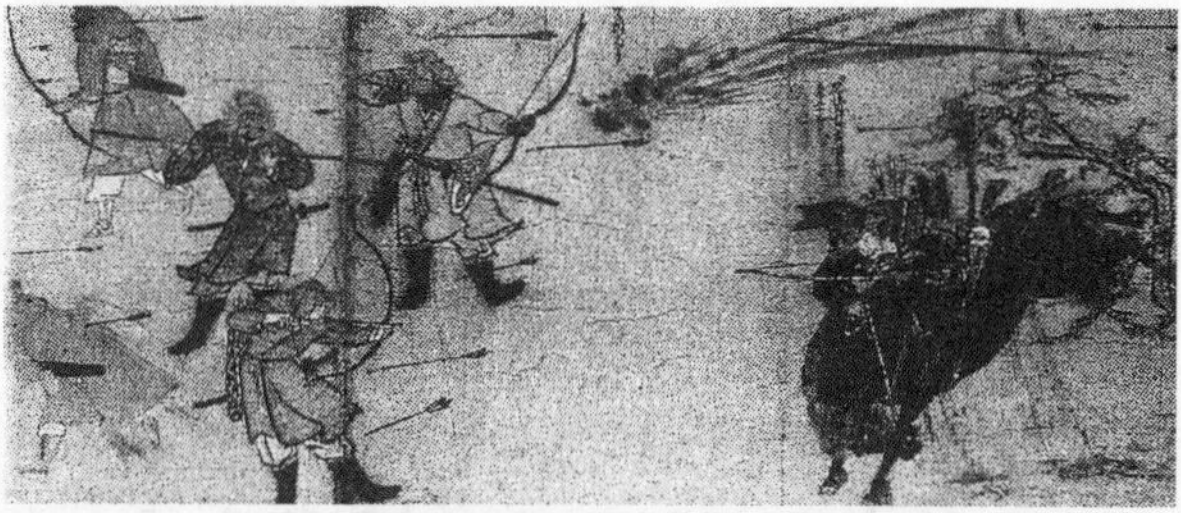

蒙古襲来絵詞――騎馬戦法を得意とするはずのモンゴル兵が、徒歩立ちで戦っている

切れ味鋭い刀でモンゴル軍を破る

モンゴル兵の短い弓矢にたいして、鎌倉武士のつかった弓はその長さが二・二メートルもある世界最大の弓である。これに矢をつがえて発射するわけであるが、その飛距離は百メートルを優にこえるし、優秀な射手は百五十メートル先の標的まで射ることができた。しかし、その間に、モンゴル兵は四本も五本も矢を発射できるほど効率がよかった。

だが、重い鎧兜で武装した鎌倉武士にたいしては、モンゴル勢の放つ矢は多くが刺さりはするが、鎧に立つだけで武者の身を傷つけることはほとんどなかった。むしろ、鎌倉武士を驚かせたのは「てつはう」といわれた火薬をつつんだ飛び道具と、集団で一人の武士をとりかこむ戦法であった。

だが、九州の御家人・竹崎季長《すえなが》が画かせた「蒙古襲来絵《え》詞《ことば》」を見ると、騎乗してこそ威力を発揮するはずのモンゴル兵がみな徒歩立ちで、弓矢を射ている図がしめすように、これでは接近戦になった場合には、鎌倉武士にかなうはずはなかった。

なぜなら、武士たちは矢傷をものともせず、みな鋭い切れ味をほこる「日本刀」を振りかぶってモンゴル兵に襲いかかったからである。

二十世紀の有名な武器収集家であるジョージ・ストーンによれば、鎌倉時代から十六世紀までにつくられた日本刀は、実験によって同じ時代のヨーロッパで最強といわれたスペインの鎧兜やスウェーデンの鎧兜を真二つにし、機関銃の銃身さえも真二つにするほどの切れ味をもっていると証明している。

それゆえ、ナマクラにちかいモンゴルの剣では鎌倉武士の鎧兜を切ることができず、それどころか四人のモンゴル兵が一人の鎌倉武士をかこんでも、武士の日本刀が一閃しただけで、四人の兵士が一瞬にして薙ぎ倒される事態となった。さらに主人を討たれまいとして、武士の一族郎党《ろうとう》がおめき叫んでモンゴル兵に切りかかってきたから、モンゴル軍団は一大パニックにおちいった。

しかもモンゴル軍団がひきつれてきた高麗《こうらい》兵と南宋《なんそう》軍は、はじめから戦意に乏しかったが、世界最強の強さを示してきたモンゴル兵が簡単に切り立てられるのを見て、南宋軍は顔面蒼白となり先をあらそって船に逃げこんだ。わずかに抵抗した高麗兵は、鎌倉武士の餌食にされ船に逃げ込むことさえできなかった。

これではせっかく上陸しても、防衛拠点を築くことができず、さすがのモンゴル軍団も上陸地点での野営をあきらめて、船上に撤退して夜間を過ごさざるをえなかった。

敗戦の原因は台風にあらず

ところが、夜間になると今度はサムライ軍団が小船に乗って果敢な夜襲を仕掛けてきたため、慣れない船上でオチオチと夜も眠れず、馬もつかえないから逃げたり機動力を発揮できず討ち果たされ、残る兵船は必死に沖合い遠くへ逃げるしか方法がなかった。

モンゴル軍は大平原で軍馬にまたがってこそ、集団戦法としての機動力と短弓をいかすことができたが、狭い船上で一対一の戦いでは、サムライの敵ではなかった。こうして着実に遠征軍の船は数を減らしていった。

恐怖の夜が明けると、ふたたびモンゴル兵は数百隻の軍船を浜辺につけて上陸をこころみるが、サムライ軍団は海岸に遮蔽用の楯を並べたて、これに隠れて長い強弓に矢をつがえて的確にモンゴル兵を狙撃してきた。

数百隻の船のなかにはサムライのいない浜辺をえらんで無事に上陸できたものもいたが、まばらな状態のために集団戦法をとることができず、上陸地点を確保するのがやっとの状態であり、やがて夜の到来とともに船に上がり、沖合い遠くに浮かんで途方にくれる有様だった。

そしてはるか沖合いに離れたにもかかわらず、毎晩のように夜襲がおこなわれ、三分の一にあたる船は火矢で焼かれ、さらに沖合いへと船を撤退させたが、その日の晩から大嵐が艦隊をおそい、九割以上を失って朝鮮半島に逃げ帰った。

文永の役では、中国大陸に逃げ帰ることができた者は十人に一人であったが、彼らは敗戦の責任を鎌倉武士のせいとはせずに、暴風のためと虚偽の報告をフビライに行なった。

恩賞をもとめて鎌倉武士は必死の形相

第一回の文永の役で、さんざんな目にあったモンゴル軍団は、四万では少な過ぎるとして大軍の遠征をフビライに申し出た。

海の事情や鎌倉武士の恐ろしさを知らないフビライは、これまでのように数さえそろえれば遠征は成功するものと確信し、二回目の弘安の役（一二八一年）では兵士だけで十四万人、水夫を入れると二十万人ほどを四千四百隻の大艦隊に乗せ、「黄金の国ジパング」へ送り出した。

フビライ汗がイタリアの商人であるマルコ・ポーロに広言したごとく、これほどの出費をしても征服をすれば、黄金が湯水のごとく手に入ると信じていたわけである。

ところが二回目の襲来は、すでに鎌倉武士がモンゴル軍団の来襲を予測して、海岸一帯に防塁《ぼうるい》をきずき上陸をはばむ体制をととのえていた。さらに鎌倉武士たちはモンゴル軍の戦法を知悉《ちしつ》してしまったうえに、「てつはう」の脅しにも慣れてしまったから効果がなく、やむを得ず船端《ふなばた》から陸地の防塁に拠るサムライ軍団に雲霞のごとく矢をあびせたが、効果は全くなくいたずらに矢を消費するだけで、攻めあぐむ状態がつづいた。

しかもサムライ軍団は例によって、夜陰に乗じてモンゴル軍船に夜襲を何度もかけてきたが、その戦法は当初から火矢を送らず、日本刀をきらめかせて船上の蒙古勢に襲いかかった。彼らサムライたちは、船を沈めることよりもモンゴル兵十の首を必死で探しもとめたのである。

その理由は鎌倉幕府が、手柄をしめす敵兵の首を持参すれば、土地を褒美《ほうび》として与えると約束していたから、武士たちは恩賞めあてに敵の首をもとめ、きそって敵船を襲ったからである。鎌倉武士にとってはコメの生産につながる農地ほど欲しかったものはない。コメが多くとれれば収入がふえるし、郎党も多くかかえられるので戦力となり、近隣の豪族を支配して領地をふやすことができるからである。

地方武士たちが、幕府の命令で他国領内の内紛や反乱鎮圧で出兵する場合は、すべて自費でまかなわねばならず出費がかさむために逡巡したが、今回の外敵撃滅に関しては、幕府が恩賞（土地）を与えると発表したため、むしろ領地をふやす絶好の機会ととらえ、喜びいさんで出かけてきた。

それゆえ、モンゴル兵を目の当たりに見たサムライたちの目の色はかわり、日本刀を片手に必死になって首を追いもとめた。

こうなると、二十万人もの多数をほこるモンゴル軍団もなすところなく、船上を逃げまわ

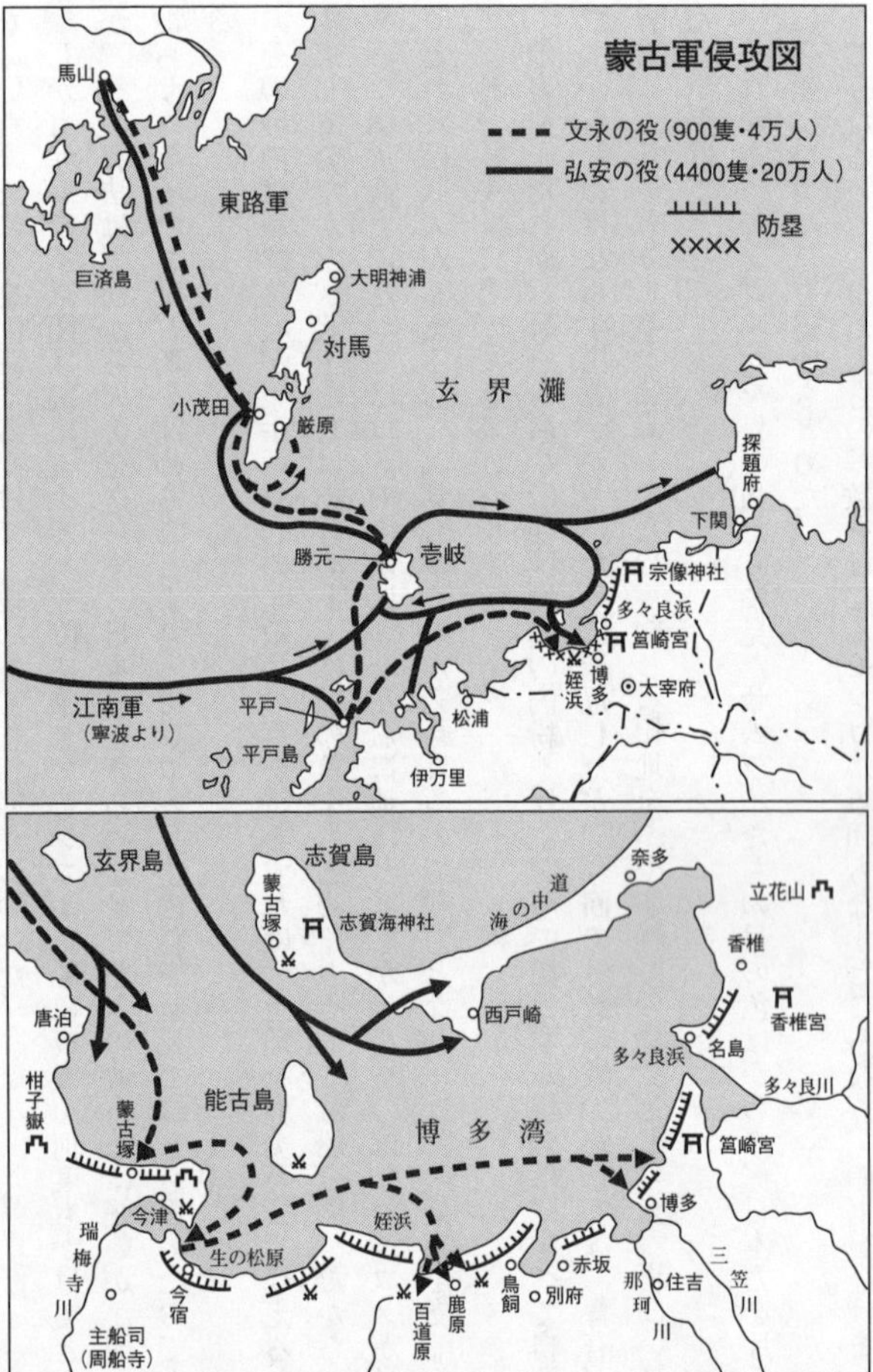
蒙古軍侵攻図
文永の役（900隻・4万人）
弘安の役（4400隻・20万人）
防塁
馬山
東路軍
巨済島
大明神浦
対馬
小茂田
厳原
玄界灘
探題府
下関
勝元
壱岐
宗像神社
多々良浜
筥崎宮
姪浜
博多
太宰府
江南軍
（寧波より）
平戸
平戸島
松浦
伊万里
玄界島
志賀島
蒙古塚
志賀海神社
海の中道
奈多
立花山
香椎
香椎宮
西戸崎
唐泊
多々良浜
名島
多々良川
柑子嶽
能古島
博多湾
筥崎宮
今津
姪浜
生の松原
博多
赤坂
瑞梅寺川
今宿
百道原
鹿原
鳥飼
別府
那珂川
住吉
三笠川
主船司
（周船寺）

るだけで敵地の攻略どころではなかった。むしろ、鎌倉武士軍団にとっては、恩賞となる首が船の上に鈴なりになるほど沢山いるのであるから、モンゴル軍の艦隊は「宝船」に見え、戦略も戦術もなにもなく、ただ先を争ってしゃにむに敵船に乗りこむ始末であった。サムライたちを船上にあげてしまったモンゴル船は、悲惨というよりは必死の形相で狭い船上を逃げまわるモンゴル兵たちで、喜劇のような舞台と化していた。追いかける鎌倉武士は、戦争というよりは猫がネズミをいたぶるように追いまわし、慣れない船上生活で弱った足腰のモンゴル軍団を船端に追いつめ、つぎつぎと首を奪った。

毎日、こうした悲喜劇がくりかえされる間に、四千四百隻の艦隊はしだいにその数を減らし、三分の二にまで減ってしまった。これでは征服にきたのではなく、征服されにわざわざやってきたことになり、支配下の漢族兵たちからも蔑《さげす》みの目で見られる有様だった。上陸ができず、かといってフビライの厳命の手前、逃げるわけにもいかず、博多湾の沖合いでただ漂流するばかりとなった。

そうした時期のある湿気の多い晩に、ふたたび大嵐が艦隊全体をおそってバラバラにしてしまったため、ほうほうの態で本国へ逃げかえったが、無事にもどることができたのは、前回と同様一割にもみたなかった。まさに大敗北であった。

サムライの恐ろしさを悟ったフビライ汗

大敗を喫して「大都《たいと》（北京）」に逃げ帰ったモンゴル軍団を見て、フビライ汗は烈火のごとく怒り、ただちに第三回目の日本遠征にとりかかった。こんどこそ確実に日本を屈服させようと、新たに「征東行省《せいとうこうしょう》」を設置して四十万の軍勢を徴収し、前回二十万の軍勢用に送ったコメ五十万石の二倍である百万石を準備するよう部下に命じた。

さらに渡海用の大船を建造するために、南宋と高麗の国中から船大工をあつめ、同時に樵たちには大量の木材を伐採して造船所にあつめるよう厳命を下した。

ところが、ちゃくちゃくと準備を進めるうちに、フビライは多くの部下たちから鎌倉武士の戦いぶりと、日本刀の威力をきかされて冷静さをとりもどし、たとえ第三回目の遠征をおこなっても、成功はおぼつかないことを悟るようになった。

もしも第三回の遠征を強行してまたも失敗すると、その場合にはフビライの威信が低下し、異国の人民である漢民族が反乱を起こす可能性に思いいたり、日本遠征を突然、中止してしまった。

理由は「宋」を滅ぼして中国大陸に入ってきたモンゴル人は百万人であったのにたいし、漢民族は六千万人以上もの人口だったからである。

さすがにフビライは慧眼《けいがん》の戦略家であったと言えよう。事実、もしも第三回目の遠征をおこなったならば、たとえ百万の軍勢を送ったとしても、そして台風にあわずに上手く上陸を果たしたとしても、日本刀の餌食となるだけで、黄金獲得はおろか、一人として大陸へ帰還することはできないと考えたからである。そして、そのことはモンゴル帝国の大崩壊につながると予見したからである。

【3】鎌倉武士団：勝利の因子

さて、以上の鎌倉武士の勝ち戦さの教訓をまとめると、次のようなポイントが挙げられる。元寇《げんこう》の役では、日本側にとくに優れた指揮官がいたわけではなく、幕府の出陣命令をうけた各地の土豪たちが、一族郎党をひきつれ恩賞めあてに戦いを挑んだのが実態であった。あえて挙げるならば、北条時宗による降伏拒否の英断と、恩賞として土地をあたえる政策をとったことである。

それでは勝利の因子を挙げておこう。

降伏拒否の決断

第一に、鎌倉幕府の最高指揮官である執権《しっけん》・北条時宗の「降伏拒否の決断と指導力」である。

源頼朝が鎌倉に幕府をひらいて以来、着実に武家政治をおこなってきたが、武家政権が確立したのは、一二一九年（承久元年）に実朝が殺害されたあとをうけて、北条義時が執権となってからである。その後、一三三四年(建武元年)に建武の中興があって、天皇親政が一時期おこなわれたが、足利尊氏が室町幕府をひらいてふたたび武家政権を確立したといってよい。

文永四年(一二六七)、蒙古軍が大挙して日本を襲う七年前に、フビライ汗の代理として「高麗《こうらい》」から降伏を勧告する使者がおとずれた。執権・北条時宗は、さっそく京都にある天皇に採決をあおいだが、天皇の決定は降伏を拒否するとともに、伊勢神宮に勅使を送って敵国調伏《ちょうぶく》の祈祷を命じることであった。

当然ながら鎌倉幕府も全国に警戒を呼びかけ、いつでも防衛出動に出陣できるよう準備を命じたが、問題はいつ、どこから敵がくるかについては全く予測がつかなかった。しかし、一二七四年に対馬、壱岐を蹂躙して博多湾へと押し寄せてきたときは、九州の御家人《ごけにん》たちはただちに博多湾へと集結し、敵の内陸侵攻を妨げることができた。

文永の役で、蒙古軍を撃退したあとの翌一二七五年になると、こんどは直接「元《げん》」の使者が鎌倉へやってきて敗戦を隠し、いかに「元」とその一族であるモンゴル帝国が巨大かつ世界中がモンゴル軍に従っているか、そして従わない場合には人民すべてが皆殺しにあうかを述べ、いまのうちにフビライ汗に従う方が得策であることを説いた。

だが、時宗は文永の戦いでは鎌倉武士が勝利していると確信していたから、この勧告を拒絶したばかりでなく、鎌倉・竜の口においてフビライの使者を切りすてた。ところが、フビライ汗はこれにも懲りず、翌年（一二七六）ふたたび元使を博多へと送ってきた。

このときの使者は、降服勧告と同時に日本軍の戦備を偵察する意味もこめて送られてきていた。そして博多湾一帯では、敵の上陸にそなえて浜辺にそって石垣を積みあげ、上陸をふせぐ防塁《ぼうるい》を建設中であった。要するに敵に備えを見せては具合が悪かったこともあって、元使の口上を聞くと、さっさと博多で切ってしまった。

時宗にすれば、平和な日本に軍事侵略までして大敗北を喫していながら、さらに降伏せよなどとは言語道断であり、鎌倉幕府をなめた態度と取ったのも無理はない。しかも文永の役での敵の戦いぶりならば、日本軍は決して負けることはないと確信していたから、相手の要求を堂々と拒絶した。

じつは、この精神こそが貴族政権時代の平安期や貴族化した平家の政権と異なっていた点である。もしもモンゴル軍の使者が平家政権の時代にきたならば、中国大陸との交易《こうえき》で利潤をあげていた平家は、フビライの要求を受け入れていたであろう。武士政権は、利益よりも名誉、威信、勇気と誠を重んじる気風を育てていたのである。

恩賞として土地を約束

第二に、北条時宗は敵の首級をとれば「恩賞として土地を与える約束」をしていたことで、一族郎党のために少しでも土地を所有したかったサムライたちは、敵を撃退することよりも敵の首をもとめて戦っていたことである。その意味では、サムライ軍団にとって有能な指揮官は必要ではなく、戦略も戦術も無用であった。

サムライの重武装が身をまもる

第三に、サムライ軍団はモンゴル兵とちがってみな「重武装」をしていたことで、敵の矢が当たっても負傷をせず、このことはモンゴル軍にとっては苦手となる接近戦を容易にさせたことである。なぜサムライたちは三十キロ近い重い鎧兜《よろいかぶと》を身につけていたかと言えば、サムライの持つ日本刀の切れ味が鋭かったからである。日本刀の攻撃から身を守るには、重い鉄をふんだんに使って防ぐしかなかったからである。

日本刀の切れ味

第四に、サムライ軍団がもっていた「日本刀の切れ味」である。当時の世界では最高の切れ味をもつ日本刀は、軽武装のモンゴル兵をあたかも野菜でも切るごとく、敵の鎧ごとスッパリ切ってしまう威力があったことである。

しかも湿気の多い日本の夏の気候では、モンゴル兵たちは大陸遠征に着用していた毛布のような暑い服をぬぐことになったため、軽い鎧の役割を果たしていた服をぬいだことによって、日本刀の切れ味をさらに鋭いものにしてしまった。

自然地理がモンゴル戦法を封殺

第五に、鎌倉武士は気がつかなかったが、大平原を大騎馬軍団で疾駆《しっく》するモンゴル兵にとって、その生涯で一度も大洋を見たことがなく、まして船に乗って何日間も航海する船上での暮らしをしたうえ、目的地では馬を使用できずに徒歩で戦わねばならなかったことは、心理的・技術的・体力的に大きな負担となっていた。

つまり、得意の騎馬戦法がつかえなかったことである。鎌倉武士から見れば、モンゴル軍は巨大な水軍の襲来に見えただけで、スピードある騎馬軍団との戦闘ではなかったことが大いに幸いした。

味方間で意思疎通を欠いたモンゴル軍

第六に、モンゴル軍の間で意思の疎通《そつう》を欠いていたことである。元寇の役は文永、弘安と二回の戦いがあったが、このときの戦記物は日本側にはなく、わずかに蒙古襲来絵詞のような絵巻物だけであり、戦闘についての詳細な書物がない。

一方、元側には『元史』―日本伝―があるが、ここでは元軍がなぜ日本を征服できなかったのかという理由として、暴風雨を上げてはいるものの、人為的なものとして「官軍不整《かんぐんふせい》」と「矢尽《やじん》」の文言が記載されている。

「官軍不整」の意味は、これまで多くの学者が解釈をしてきたが、ほぼ四つくらいの解釈に落ちついている。このうち三つは元軍の艦隊に関する解釈である。

第一の解釈は、蒙古の艦隊を構成する艦船の種類が三つあったが、それらは兵士と荷物をのせる大型の「千料船《せんりようせん》」、スピードを身上とする「軽疾船《けいしつせん》」、それに小型の「汲水小舟《きゆうすいこぶね》」で、それぞれ速力に差異があり、統一指揮をする上で効率が悪かったという解釈。

第二の解釈は蒙古軍団の軍議がつねに一致せず、紛糾して割れていたことを表わすという解釈。

第三は、艦隊を構成している船が、すべて新造船ではなかったため、強度の点で差異があったという解釈。

第四の解釈は、元軍を構成していたモンゴル人将兵と漢民族将兵・高麗人将兵との確執や、意思の疎通が「官軍不整」の意味というものである。

いずれにしても、蒙古軍団が矢が尽きたうえに、将兵同士のコミュニケーションがうまく機能していなかったとすれば、迎え撃つ鎌倉武士はそのスキに付け入って大暴れをしたにちがいない。昼間の戦いにおいても夜襲においても、両軍は矢の応酬よりも接近戦をおこなったはずであり、そうなると、重い鎧兜でかためた鎌倉武士が切れ味鋭い日本刀で突進してきたから、蒙古兵も高麗兵も逃げまどうしか方法がなかった。

モンゴル軍の士気ふるわず

第七に、「モンゴル軍団の士気がふるわなかった」ことである。元軍は数こそ多かったが、最も士気の高いモンゴル兵は全軍のなかの一割ほどで、あとはモンゴル軍に降伏した南宋軍や高麗軍で士気はふるわず、むしろモンゴル軍に命令されていやいやながらの出陣であり、闘志が湧くはずはなかった。

海を見たこともなかった遊牧民族にとって、長途の船旅で精神的にまいっていたうえに、上陸しても戦車としての威力ある軍馬をつかえず、徒歩で戦わなければならなかったことは戸惑いの連続であり、戦う以前に軍隊としての統一性や団結心などなく、烏合《うごう》の衆ともいえる軍隊となっていたのではないだろうか。

そうだとすると、『元史』日本伝にいう「官軍整わず」という報告書の文言は、恐らく軍の不統一を指していたのではないかと考えられる。

モンゴル軍に補給なし

第八に、「モンゴル軍には補給がなかった」ことである。

サムライ軍団にとって、戦場となっている博多は地元であり、武器も食糧も後続の部隊もすべて補給がきく有利さがあったうえに、モンゴル軍の得意戦法はすべて封じ込められていたから、余裕のある戦いを展開できたことである。

むしろサムライたちは、僚友と恩賞をきそって敵を襲うことに積極的であった。

武士道精神の勇気と誠を発揮した

第九に、鎌倉武士のもつ「武士道精神」である。それはすでに形作られつつあった『武士道』の「勇」と「誠」が思う存分発揮されていたことである。

サムライは卑怯《ひきょう》な振る舞いを決してしなかった。あくまでも一人対一人との戦いを望み、たとえ相手が四人、六人で来ても、郎党《ろうとう》が助けに入ることを拒んで一人で戦いつづけた。

そしてたとえ負けても周りに「勇」を見せておくことが恩賞につながることを、武士たちは知っていたからである。もっとも軍馬を下りてしまったモンゴル兵は、いわば陸《おか》にあがった河童《かっぱ》と同じで、四〜五人が集団となって一人の武士を襲っても、短いナマクラの剣では太刀打ちができず、逆に日本刀の餌食となってサムライたちに首を提供してしまった。

鎌倉武士たちは、元軍の「集団戦法」に初めは驚きはしたが、元寇の役が終わった後も、この集団戦法をその後の戦さに取り入れなかった。

なぜなら一人に対して集団で襲いかかる戦法は効率的ではあったが、卑怯《ひきょう》な振る舞いであり、たとえ勝っても決して名誉でもなく自慢にもならないと考えたからである。つまり、モンゴル軍が来襲した時点では、すでに武士道精神というものが確立していた証拠でもあった。

余談ながら、武士とは名誉を重んじて卑怯を忌避し、勇気と誠を尽くして戦うものという精神を日本人は八百年間にわたって保持してきた。

武士道はまた、武器をもたない者には決して危害を加えないことを倫理としていたが、このことは、一九四一年にはじまるハワイ真珠湾攻撃でも民間人には攻撃をせず、武器をもたない敵輸送船団を襲うことは武士道精神がゆるさず、つねに艦隊決戦をもとめた作戦にあらわれている。

陸軍にしても同様で、満州地方に駐屯した関東軍の軍律も、中国、フィリピン、インドネシアなどに駐留した帝国陸軍も、決して理由なく民間人を襲うことをしていない。

南京虐殺三十万人であるとか、百人切り、あるいは三光作戦などという武器をもたない中国民衆を殺戮するなど、絶対に有り得ないのである。

第二章　泗川の戦い（一五九八年十月十日／慶長の役）

――明と朝鮮の連合軍二十万を壊滅させた薩摩武士六千の戦法

【1】無謀な戦さで窮地に

豊臣秀吉が朝鮮に兵を送ったのは、文禄元年（一五九二）と、慶長二年（一五九七）の二回である。いずれも秀吉の希望は通らず日本軍は撤退のやむなきにいたるが、とくに、慶長三年（一五九八）の撤退のさいの戦いは双方とも必死であったから、凄惨《せいさん》な戦いがくりひろげられた。

慶長の役では「右軍」となった加藤清正らは釜山《ふざん》から上陸したものの、文禄の役のときのように快進撃をすることはできなかった。朝鮮半島のほぼ真ん中へんにあたる忠州や稜山《りようざん》付近までしか進むことができず、朝鮮の援軍に駆けつけた明《みん》との連合軍と交戦しながら、しだいに南へ押しもどされ、一隊は蔚山《ウルサン》へ、もう一隊は西生浦《せいせいほ》へ籠城《ろうじよう》することになった。

一方、「左軍」となった島津義弘は上陸を泗川《しせん》からおこない、北上したが、こちらもあらかじめ防備をしいた明と朝鮮の連合軍のために半島西側の沿岸部を南下するかたちで押しもどされ、晋州城《しんしゅう》をへて最終的には上陸地点であった泗川の近くに新たに城をきずいて閉じこもることになった。

六千三百人に二十万人が襲いかかった

晋州城は泗川からは内陸六里にあって堅固な城砦《じようさい》都市であり、当時は商業と農業のさかんな地方都市の中心であった。島津義弘は、晋州城は軍事的にみて重要拠点とかんがえ、初めはここへ籠城しようとしたが、明・朝鮮連合軍が全州城に進出するにおよび、万一ここの防衛が不可能になった場合には後ろを断たれて孤立し、日本との連絡が危ぶまれることを危惧して、泗川の海岸に近い小高い丘に新たな砦をきずき泗川新城と名づけて本拠地としたが、それは一週間あとのはなしである。

時は慶長三年（一五九八）陰暦の九月初旬であり、太陽暦では十月初旬に相当する時期であった。じつは前年の慶長二年暮れに、加藤清正勢一万と毛利秀元の三千が蔚山にこもっていたが、ここに明将の楊鎬《ようか》ひきいる五万七千と、朝鮮の将・権慄《ごんりつ》指揮下の一万二千五百の合わせて七万の軍勢が押し寄せた。

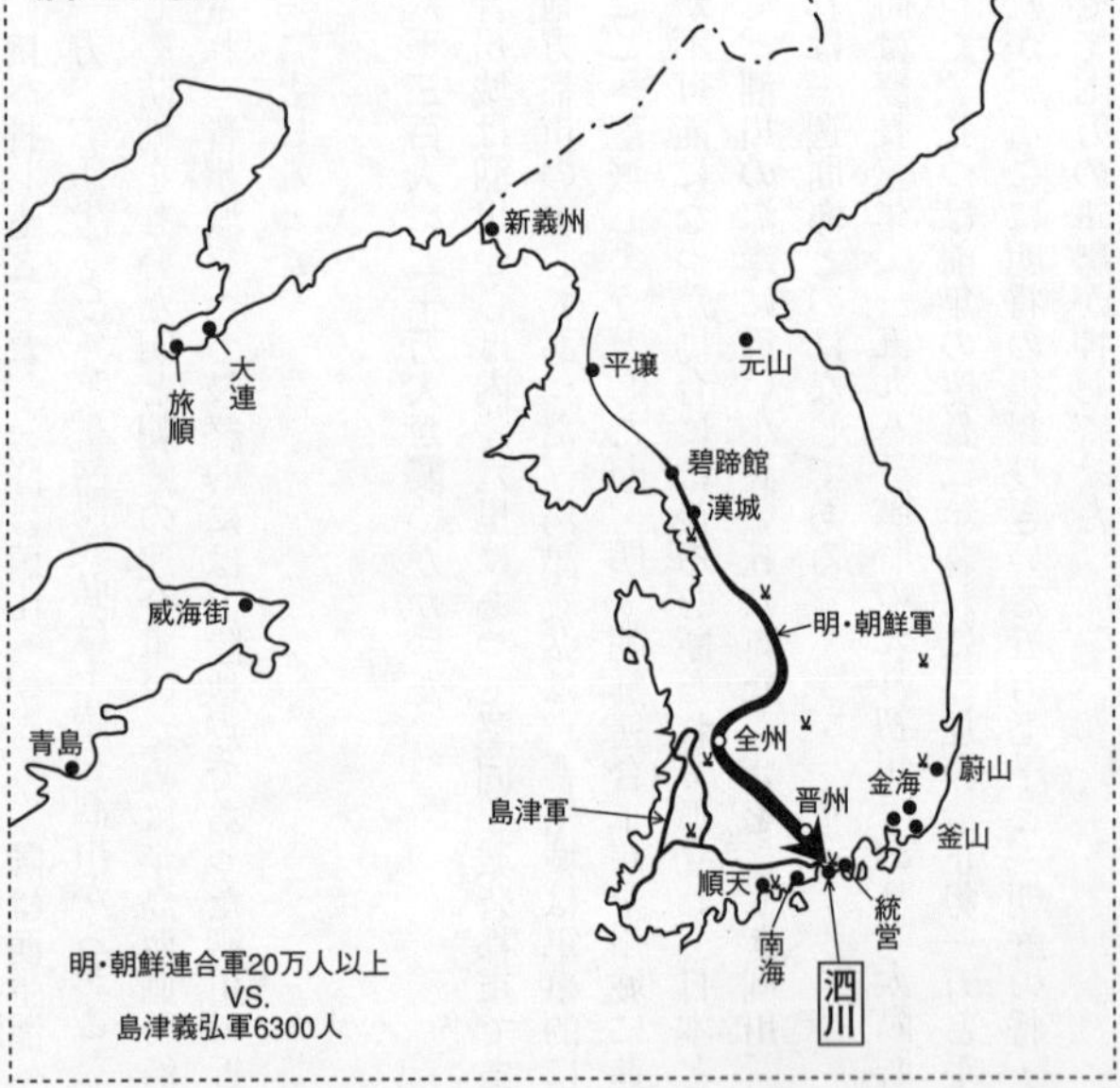

泗川の戦い（1598年9月～10月）

蔚山は急造の城であったため、兵糧・薪炭などがほとんどなく落城寸前におちいった。しかし急をきいて駆けつけた黒田、蜂須賀《はちすか》、鍋島、浅野などの軍勢が、明・朝鮮両軍を側面から攻撃し、ようやく加藤軍を救ったほどの激戦が展開された。

明くる慶長三年まで、蔚山にはそのまま加藤清正らが籠城をつづけたが、慶長三年初秋にはすでに秀吉が死亡したことが敵側にも知れわたり、いよいよ戦意をたかめた明・朝鮮連合軍は同年八月下旬には「全州城」を奪回し、ここに二十万以上の大兵力をあつめて作戦会議をおこなった。

会議ではもろもろの意見が噴出したが、明の総大将である董一元《とういつげん》将軍は、全軍を分けることなく二十万の大軍をもって、日本軍の拠点を一つずつ潰していく作戦を採用した。すなわち、まず、晋州城にこもる島津軍をほうむり、ついで日本軍の補給基地となっている海岸の忠武をたたき、さらに北上して金海と釜山をぬいて、最後に清正らのこもる蔚山をおそって全滅させ、一兵たりとも日本へ撤退させない、という作戦であった。

【2】島津義弘の驚嘆すべき戦術

全州城にあつまってきた明《みん》・朝鮮連合軍の動静は、そこからもっとも近い晋州城にこもる島津軍にとって死命を制するほど重要なものであった。そこで、島津軍は諜者《ちょうしゃ》を出して敵の動向をさぐっていたが、どうやら軍勢を分けずに大軍のまま晋州城に向かいそうだという感触をえ、島津の諜者はあわてて、本陣にもどった。

報告をうけた島津義弘は、晋州城がかこまれた場合の不利を考えて、海岸に近い泗川《しせん》へと撤退する決意をした。ところが続いてもどってきた物見《ものみ》の報告によると、明・朝鮮連合軍の数は二十万人以上の大軍という情報であった。知らせを聞いた島津義弘は唇をかんで無言のままでいたが、かたわらにひかえた島津豊久や長寿院盛淳らは、近くの固城にいる立花宗茂、順天城の小西行長ら一万三千の救援を依頼するよう義弘に進言した。

しかし、義弘はむしろ救援などの使者を四方八方に送ってあわてた様を見せれば、かえって敵を勢いづけるとして、この提案をしりぞけ島津単独で戦うことを宣言した。

勝因は全員所有の鉄砲と薩摩示現流

戦さにたいしては天才的ともいえる独創力と決断力、そして鋭い戦場嗅覚《きゅうかく》をもつ島津義弘は、すばやく頭のなかで計算をおこなった。単独で戦うとはいっても島津勢は六千三百ほどの軍勢で、まともにぶつかっては、とうてい太刀打ちかなわずとは思っていたが、彼の頭には万に一つの可能性があることも見抜いていた。

それは、敵は三十倍以上の軍勢とはいっても、寄せ集めの軍勢であり、しかも言葉のちがう外国人同士であること、それに引きかえ島津軍は心を一つにした日本軍のなかでも最強を自負していた軍団だったからである。

義弘の考えでは、たとえ味方に数万の援軍をたのんでも、明・朝鮮連合軍の数にはとうてい及ばず、さらに味方が連合して駆けつけて来ても、けっして義弘一人の命令に服すわけではなく、それでは統一のとれた作戦がとれない。それに島津軍は薩摩独特の戦法をもってこれまで戦陣に臨んで勝利を得てきているが、日本の他の戦国大名とは戦さや武将・兵士にたいする価値観が根本的に異なっていた。

たとえば、鉄砲にたいする考え方であるが、他の戦国大名や武将たちは「飛び道具は卑怯であり下賤《げせん》」として、もっぱら足軽階級にあつかわせたが、島津では足軽から大将まですべての人間が二梃ずつの鉄砲をかかえ、武将ともなると数梃の鉄砲を保持し、鉄砲隊とともに各武将みずからも射撃をおこなった。むろん義弘も例外ではない。つまり、六千三百の薩摩武士軍団は一万三千梃以上の鉄砲を所持した鉄砲軍団でもあったのである。

さらに島津義弘が想定した明・朝鮮連合軍との決戦は、鉄砲射撃のあとは双方が入りみだれて接近戦となるものと予測しているから、槍の部隊よりもむしろ戦場太刀をたくみに使いこなす方が有利という気持ちが強かった。

そして接近戦となった場合には、相手を一撃のもとに真二つにするという「薩摩《さつま》示現流《じげんりゅう》」をお家流儀として、これまた殿様から足軽にいたるまで、日夜、稽古にはげんでいたという恐ろしい戦闘集団であった。

「釣り野伏せ」で油断と慢心を起こさせる

そして、いざ戦場で敵と対峙すると、義弘は孫子《そんし》もかくやと思われるさまざまな戦法を編み出していたのである。

まず、味方の数倍も多い敵にたいする戦い方として、島津軍がとった戦法は「釣《つ》り野伏《のぶ》せ」というものである。釣り野伏せとは、相手を油断させたうえで不意をつくものであり、

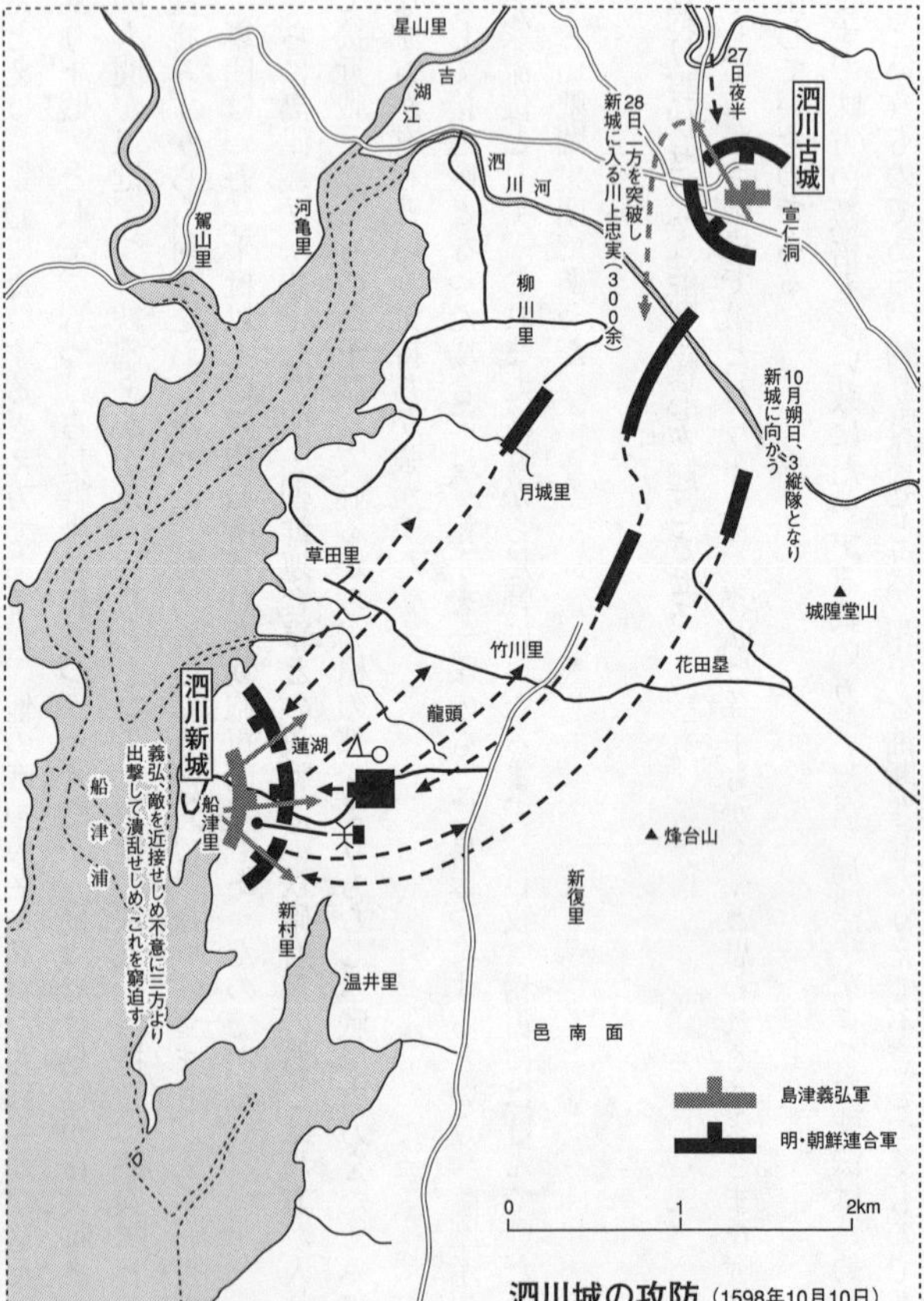

泗川城の攻防（1598年10月10日）

そのために味方の動静は決戦がはじまるまで決して相手に知らせてはならなかった。

さらに相手を自軍の近くに誘い込むことも重要な作戦で、相手が味方の迎撃体制を察知すれば本陣を遠くへおいてしまうから、悟《さと》られないようにいくつかの「餌《えさ》」を与えることが必要である。つまり餌をあたえて釣り上げる戦法である。

島津義弘が、明・朝鮮連合軍を釣り上げるためにあたえた「餌」とは、敵兵に大いなる慢《まん》心《しん》と油断を醸成させるための数々の土産《みやげ》であった。

すなわち、それまで島津軍がこもっていた晋州城をさっさと撤退して城を無傷で明け渡したが、そのさいに城外には肉や鳥、魚、野菜など調理したご馳走を、台の上に置き並べたままにして、さも慌てふためいて撤退したかのように偽装した。

晋州城攻撃に気負って押し寄せた明・朝鮮連合軍二十万の兵たちは、これらの料理をあらそって喜んで食したが、同時に日本軍は大軍を恐れてあわてて逃げた、という印象を強くあたえ油断をさせるには充分であった。

さらに島津軍は、泗川古城から撤退して急造の泗川新城に向かうさい、古城周辺の住民たちに、泗川古城には日本から運びこんだコメ一万石が貯蔵してあるが、急いで撤退するためやむなく捨てていくことも教えておいた。

当然ながら住民たちは古城に進軍してきた連合軍に、放棄されたコメ一万石のことを話したが、連合軍は島津軍がおびえきり、かつ慌《あわ》てふためいていると考えて、士気と慢心はますます高まり、戦う前から島津軍をのんでぞくぞくと泗川古城に向かって行軍してきた。

果たして泗川古城に到着してみると、たしかに城兵は一人もおらず、コメだけが一万石も蔵に残されているのを見て、彼らは勝利疑いなしと自信をふかめた。

そしてその自信のために、古城を出て泗川新城へ向かう途中に泗川河が横たわっていたが、なんの疑いもなく渡河してしまい、島津軍の立てこもる泗川新城に怒涛の勢いで馳せ向かった。つまり自ら逃げ道をふさいでしまったことにさえ気がつかなかった。

「捨てかまり」の戦法で迎撃体制を整える

さらに島津軍は敵を恐れたと思わせるために、泗川新城に到着してからはいっさい物見《ものみ》も出さず引きこもる作戦に出た。連合軍側から放たれた諜者たちは、前線で出遭う者がすべて明・朝鮮両軍の諜者ばかりで、薩摩側の諜者をだれ一人見ることはなかった。

ただし、島津軍は物見を出すかわりに、新城周辺の地形のなかに土竜《もぐら》のように多くの伏勢を分散させて、周囲の山野に溶けこませ、ひっそりと待ちつづけた。いわゆる「捨てかまり」の戦法である。

「捨てかまり」とは戦場の地隙などに身をかがめるという意味で、みずからは命をすてて犠牲となって本隊を助ける役割をもつもので、自軍が窮地におちいって主将が逃げるさいに、自軍を追撃する敵の大将などを狙撃し追撃をあきらめさせたり、逆に自軍が勝ち戦さに乗じて総攻撃をくわえるさいに、敵の背後や側面から突如攻撃をくわえて敵軍を大混乱におとしいれる役割をするものである。

いずれも敵味方の勝敗の分かれ道となる決定的瞬間まで、じっと息をひそめて地隙に身をかがめて待機しているもので、義弘のためには喜んで命を投げだす勇者といえた。

効果を上げるために、「捨てかまり」は絶対に敵の目にふれてはならず、地にもぐり大木の上に隠れるなどして戦機をうかがってじっと待機する役割であった。

油断と慢心、奢りと驕慢を与えた島津戦術

こうして明・朝鮮連合の二十万以上の大軍は、泗川新城を一揉みにつぶそうとはやりに逸《はや》って新城付近にあらわれた。そしてついに慶長三年十月十日の朝、連合軍は遠くに見える泗川新城をめざし、雲霞《うんか》のごとく殺到してきた。はやりながら怒涛の勢いで新城に近づいてきた連合軍は、城壁の下に待ちかまえる島津の軍勢を見て、狂ったように走り迫ってきた。それでも島津軍は身動きせずにただじっと待っているだけである。

連合軍の目には、島津軍が雲霞の大軍の前に完全に恐怖ですくみあがっているように見えたのも無理はない。それゆえ、島津軍が完全な準備をして待ちかまえている中にいくつもの罠《わな》があることを見ぬいた者は一人もいなかった。

余談ながら戦国時代の島津勢は、かつて秀吉の九州征伐で敗北を喫したものの、一時は九

州全土を併呑《へいどん》するほどの戦法で、勝ちつづけてきた。それゆえ、島津の軍団は何度も激戦を経験している部隊であり、雲霞のごとき大軍を見ても決して興奮して飛び出すことをせず、全将兵がきわめて冷静な目で連合軍の動きを観察していたのである。

こうして両軍の決戦距離は百メートルを切るまでに近づいた。そして敵があと四十メートルという至近距離に迫ったときに、白刃をかかげつつ「撃テー」と怒号を発した。満を持していた鉄砲隊は、号令がかかるやいなや、三段にかまえた鉄砲隊の第一陣がいっせいに火蓋をきった。

第一陣の一斉射撃がすむとすぐに、二陣の部隊が前に出て斉射をおこなった。三連射が終わると最前線の敵は大いに怯《ひる》んで退こうとしたが、雲霞のごとく押し寄せる後詰めの部隊は、前方で聞こえる連射と喚声を味方の上げるものと錯覚し、味方の死を乗り越えて次からつぎへと前方へ押し寄せた。

示現流の餌食となった二十万の連合軍

一方、島津の軍勢は連射をし、相手がひるんだ瞬間にすかさず長槍の部隊を突撃させて、田楽刺しにして前進する敵のエネルギーを食いとめた。

つづいて長槍部隊の真後ろにひかえている抜刀隊が、接近戦で槍もつかえなくなった相手に猿叫《えんきょう》を発しながら、示現流《じげんりゅう》独特の一振り一殺で敵を殺戮《さつりく》していくという戦法で暴れはじめた。このときの日本刀の犠牲になった敵は一万以上に及んだといわれるが、それほど切れ味がするどかった。

しかしこの肉弾戦も長くはつづかず、島津軍武将たちの命令一下ですぐに後退し、ふたたび押し寄せてくる敵にたいして、すかさず三段構えの鉄砲隊が進み出て敵に一斉射撃を三回くり返す、という方法で相手を圧倒した。

それでも、泗川《しせん》の戦場にやってきた明・朝鮮連合軍は、三十倍の数であったから、敵を倒しても倒してもその前進してくる重圧は防ぎきれず、しだいに薩摩兵は押されてきた。頃合いをはかっていた義弘は、ふたたび武将たちに下知をくだし全軍を城壁まぎわまで一斉に後退させた。

当然のことながら、敵は島津軍が敗色濃いために退いたとみて、新たな精兵を全面に配置し陣容を立てなおすと、金鼓をうち鳴らしながら喚《わめ》き叫んで密集しつつ再度、怒涛の勢いでひと飲みとするべく城壁に迫ってきた。

ところが、あと三十歩もあれば島津軍に手がとどくという距離に近づいたとき、城壁にそって隠していた二十門の大砲を放射状に一斉に発射したのである。この大砲には大量の鉄片や釘《くぎ》そして砕石などが詰めこまれており、轟音とともに一町（約百メートル）までの距離を飛翔し、最前線にいた明・朝鮮連合軍兵士を一挙に壊滅させてしまった。

敵が大混乱におちいったことは言うまでもない。そして、この大砲の炸裂音を合図に、戦場の地隙や石あるいは掘った穴にかくれていた島津の「捨てかまり」の伏勢が、いっせいに飛び出し猿叫《えんきょう》を発しながら悪鬼の形相《ぎょうそう》で敵の側面と背面からおそいかかった。

この周辺の地形にかくれていた兵たちは、本隊からは初めから見捨てられている部隊でもある。つまり身を犠牲にして本隊を助ける任務を負わされている死兵たちである。この「捨てかまり」兵のために、連合軍は味方から攻撃をうけたと疑心暗鬼におちいり、同士討ちがはじまった。

明・朝鮮連合軍は外国人同士のため、とっさのコミュニケーションができずに大混乱となり、やがて恐怖が全軍をおそった。

関ヶ原でも「捨てかまり」戦法

余談ながら、泗川の戦いから二年後の「関ヶ原」の戦いで、島津義弘は石田方にくみしていたが、味方の西軍が東軍によって完全に撃破されて戦場を去った後、東軍がいっきょに千人ほどの島津勢に襲いかかった。

このとき、島津勢がとった戦法が「捨てかまり」であり、島津勢を追撃してきた赤備《あかぞな》えで有名な井伊直政の軍勢は、追撃をはばまれただけでなく、直政自身、捨てかまりの鉄砲に狙い撃ちされ、重傷を負ったため、ついに島津義弘を戦場から離脱させてしまった。

ともあれ、泗川の城壁付近で待機していた島津の軍勢は、各部隊長が鉄砲の斉射と乱射をくりかえしながら、槍部隊と抜刀隊をひきつれ、錐もみ状態で放射状に敵連合軍の密集部隊に突撃した。そのうえ、捨てかまりの兵たちに前後左右から霍乱《かくらん》され、明・朝鮮連合軍は言葉の通じない連合軍であったことが禍《わざわ》いして、全く統制が崩れてしまった。

こうなると、さしも大軍をほこった連合軍も部隊長をうたれて大混乱におちいり、散を乱して潰走をはじめたが、それに引きずられたように大部隊が必死になって先をあらそって逃げだした。薩摩の軍団はこれに全面攻撃をおこない、槍でつき示現流でなぎはらい、距離のはなれた者には鉄砲を乱射した。

ところが、われ先となって逃げ出した十数万の連合軍にとって、こんどは前日に渡河した泗川河が大きな壁となって立ちふさがった。追いすがってきた島津軍にとっては、逃げまどう明・朝鮮連合軍は一転して恩賞の対象となり、勝ちに乗じて日本刀をふりまわした。このため、日本刀で切られて倒れるもの、溺れるものが続出し泗川河は鮮血で三日間も真っ赤になったほどである。

こうしてさしも二十万をほこる明・朝鮮連合の大軍も、戦場を散りぢりになって四散し、二十五キロほど北方にある晋州城に逃げ帰ることのできた兵は、わずか二千人という惨澹たる大敗北を喫した。逆に、島津勢の損害は二千人のみで、四千三百の島津勢はぶじに泗川城にもどるという、前代未聞の大勝利を手にした。

島津勢は、残敵を追って翌日まで悪鬼のごとく暴れまわり、一人も逃がさじと追いまわしたため、さしも二十万の大軍も雲散霧消し壊滅してしまった。

戦闘が完全に終わったのは慶長三年十月十一日で、この日、義弘は国許《くにもと》の兄・義久あてに戦闘報告を書いた書状を送った。それによると戦場でとった首級の数は三万八七一七、切り捨てたもの数万だが正確な数知れず、戦闘不能におちいった敵の数は十万人以上というものであった。

かろうじて戦場を離脱した明・朝鮮連合軍の生き残りも、ほとんどが手傷をおって山野に逃散《ちょうさん》し、ほうほうのていで故郷に逃げ帰った。島津勢は、倒した敵の首級《しゅきゅう》をとることは不可能なので、「鼻」を切り落とし、これを塩樽につけて秀吉なきあとの大坂城に送りつけた。

薩摩軍が去ったあとの戦場には、「鼻」のない死屍がるいるいとちらばり、朝鮮人民はふるえあがったと言われている。大坂の本陣ではこれらの「鼻」を実検したのち、供養のために京都の「方広寺」にねんごろに葬《ほうむ》った。

島津軍の大勝利のおかげで、他の諸城に籠城《ろうじょう》していた日本軍は、後ろからの攻撃を心配することなく、ぶじに日本まで撤退することができた。現地の朝鮮では島津の戦いぶりに驚嘆し、島津勢を「石曼子《シーマンズ》」といって恐れ、長いあいだ語り草となった。

「沙也可」のおかげで秀吉軍を撃退できた

余談ながら秀吉軍は、なぜ、大明征伐に出かけながらその目的を達成できなかったのかといえば、それは実は日本軍のなかからの裏切りにあった。

文禄の役では、日本軍は破竹の勢いで朝鮮半島を進撃し、たちまちのうちに大明国の国境にまで押し寄せることができたが、じつは文禄の役がはじまったとき、加藤清正の部隊の一部隊長として出陣を命じられた「沙也可《さやか》」と呼ばれた武将が、清正を裏切って李氏朝鮮国王に寝返ってしまったのである。

彼は故・司馬遼太郎氏の話によれば、寝返ったために本名を名乗ることを恥じて「沙也可」と偽名を名乗ったが、「さやか」とは紀州・雑賀《さいか》党の一頭領ではなかったか、と推測している。

沙也可は、秀吉が起こした大明征伐の軍は名分がないうえ、沙也可が礼節の国として尊敬していた朝鮮に軍を進めることは信義のうえからもできない、として朝鮮半島に上陸後、さっさと部下三千人をひきつれて朝鮮側に寝返ってしまった。

ところが雑賀党といえば、当時の世界では最高の鉄砲製作技術と、射撃術にすぐれた一党で、戦国時代には諸所方々の大名にやとわれて鉄砲隊を提供し、助っ人集団の役割をはたしてきたことで有名である。雑賀党や根来《ねごろ》党などの技術者集団や、伊賀《いが》・甲賀《こうが》の忍者集団は契約によって雇われるだけで、雇い主に忠誠を尽くすわけではなく、戦争が終われば契約は終了して雇用主との関係はきれる。

またたとえ契約期間中であっても、気に食わなければ契約金を返して部隊を引き上げることもしたし、場合によっては敵の恩賞が多ければ裏切り行為もおこなうドライな考えをもっていた。それゆえ、沙也可の寝返りによって、鉄砲を十分にそなえた朝鮮軍は勢いを盛り返し、慶長の役では日本軍は文禄の役のように無人の野原を進むようなわけにはいかなくなった。

韓国に現存する沙也可の子孫

一五九七年からはじまった慶長の役では、秀吉軍は朝鮮半島の南部方面しか進出ができなかったが、これは沙也可《さやか》の鉄砲製作技術と射撃術を朝鮮軍も手に入れていたからである。じつは沙也可の第十四代の子孫が、韓国の大邱《テグ》市に現存している。

彼の名前は「金在徳《きんざいとく》」氏といい、沙也可が李氏朝鮮王から金忠善《きんちゅうぜん》という名前を拝領して以来、十四代まで連綿としてつづいてきている。

司馬遼太郎氏も、そして筆者も数年前に金在徳氏に会って、金忠善からの系譜を見せていただいたことがある。朝鮮水軍の李舜臣《りしゅんしん》提督は海上で活躍したが、陸上で日本軍を悩ませたのは日本人武将の「沙也可」だったのである。

韓国では、日本から独立後、愛国心を高揚するため、秀吉軍をなやませた朝鮮救国の英雄とされる李舜臣提督の巨大な銅像を、全国各地に設置しているが、陸上戦闘でのヒーローである沙也可将軍を長いあいだ認めてこなかった。

日本軍から寝返った日本の将軍のおかげで陸上戦闘で善戦したなどとは、民族感情として受け入れがたかったからである。

しかしながら、金在徳氏の長年にわたる日韓両国での講演活動によって、ようやくこの歴史的事実をみとめる動きが出、一九九八年になると日韓両国の高校歴史教科書に同時に掲載されるまでになった。

筆者は将来、できれば「沙也可」の銅像を韓国内に是非、建立したいと考えている。それもできれば韓国陸軍士官学校の敷地内が最適と思っている。

【3】薩摩武士の戦い：勝利の因子

ともあれ、島津軍が明《みん》と朝鮮連合軍二十万の大軍を、わずか六千三百の軍勢で撃滅した勝因を考えて見ると、多くのポイントがあることが分かる。

島津軍に鉄壁の団結力

第一に、義弘は島津軍の「団結力」を信じたことである。有能な指揮官である島津義弘は、たとえ数は少なくとも島津軍だけで結束して当たる方が、数倍の力を発揮することができ、援軍を頼むことによって他力本願となり、団結心がくずれることを最も恐れたから、一切の援軍をこばんだ。
あくまでも自力本願で、目的を達成しようとした気持ちが勝利を呼び込んだと言える。

敵に油断と慢心を起こさせた

第二に、明・朝鮮連合軍に「油断と慢心」を起こさせる工夫をしたことである。大軍の敵に油断をさせるには慢心を起こさせる必要ありと考え、撤退するたびに食糧を残すなどの細工をし、島津軍に戦意がないことを信じ込ませる手をうった。「釣《つ》り野伏《のぶ》せ」という誘い込みの戦法である。さらに敵情偵察のための斥候《せっこう》さえも出さず、ただひたすらに敵を恐れて籠城作戦に出ているように思い込ませてしまった。

明・朝鮮連合軍にすれば、島津軍の撤退状況を見て、勝利は疑いなく鎧袖一触《がいしゅういっしょく》の気分におちいったが、こうした気分は薩摩軍の準備体制や落とし穴といった罠への注意を、完全に忘れさせてしまった。

そうなると、大軍のため最前線で敵と対峙《たいじ》する部隊は戦意を燃やすが、敵を直接見ることのできない残りの兵たちは、大軍であるから自分一人は戦わずとも、味方の多さで敵を押しつぶし戦わずして勝利が得られると期待し、みずからが負傷することだけは避けようとして必死の戦いをする気持ちがなくなる烏合《うごう》の衆となってしまう。

つまり大軍の場合、敵と対峙している最前線の兵たちは闘志満々であるが、敵の見えない後続の兵たちはみずからが戦わなくとも味方が活躍してくれると考え、往々にして「他力本願」におちいり、必死の戦闘精神をなくしてしまう欠点があった。

島津軍すべてが一人で二梃の鉄砲を所持

第三に、島津軍は指揮官から一兵卒にいたるまで、「鉄砲を一人で二梃も所持」していたことである。日本の武士道精神を持つサムライは一般的にいって、個人戦法を得意とし、かつ卑怯《ひきよう》をきらう民族のため、集団戦法や火力の使用をひかえる傾向が強い。

だが、慶長の役のときの島津軍にかぎっては大和《やまと》民族とは思えないほど、火力にたいして絶対的信頼を寄せるとともに、多すぎる敵の方が卑怯であるとして、当時の上級武士なら決して使用しなかった鉄砲を、思う存分、手にして撃ちまくった点である。全員が鉄砲を二梃ずつ所持していた島津軍は、密集して押し寄せた連合軍に何度も一斉射撃をしているから、鉄砲だけで数万の敵をなぎ倒している。

薩摩・元現流の威力

第四に、「示現流《じげんりゆう》」の威力である。火力の威力のみならず、接近戦にそなえて薩摩お家流儀といわれた「示現流」を、すべての兵士が習得していたことである。示現流は一撃必殺といわれる剣法であるが、最初の一撃をはずせばみずからは防御体勢をとることができず、全身を敵に無防備にさらすために二撃がきかない攻撃専用の剣法である。

この剣法の極意は、皮を切らして肉を切り、肉を切らして骨を切るという凄まじい流儀で、まさに戦場での剣法であった。それゆえ、両軍が接近戦となったときは、もはや弓矢も槍もつかう空隙はなく、もっぱら太刀を振りまわすだけしか余裕がなかったために、示現流の殺傷力がいかんなく発揮されたと見ることができる。

しかも、前述したように、日本刀の切れ味は素晴らしく、明・朝鮮軍のまとっていた鎧兜は、かつてのモンゴル軍団と同様、軽武装であったから日本刀の一閃から身をまもることができなかった。

敵になかった「捨てかまり」戦法

第五に、戦場での白兵戦にそなえて「捨てかまり」の部隊を、戦場の各地にひそませていたことである。

敵味方入りみだれての戦闘状態のときに、思いもよらない場所から敵が出現すれば、いかに強力な軍隊でも混乱をきたすが、明軍と朝鮮軍は外国人同士であったため、疑心暗鬼におちいる結果となって同士討ちさえはじめてしまった。島津義弘にすれば、まさに思うツボにはまったといえよう。

通じなかった明帝国の威信

第六は、「明帝国将軍の威信」という敵側の事情にあった。

それは援軍に駆けつけた明帝国は朝鮮王国にとっては宗主国《そうしゅこく》であり、朝鮮王の対外軍事行使権と外交権を取り上げていた。ということは、宗主国・明帝国としては属国である朝鮮に外敵が侵攻した場合、明帝国の責任において外敵を撃退する義務があったことである。

朝鮮国王が自国軍隊を使用できるのは、あくまでも国内における騒乱であり、外敵の撃退はかならず宗主国である明帝国が主導権をにぎることになっていた。

したがって、援軍にやってきた明帝国軍勢としては、帝国の威信と名誉にかけても、東夷《とうい》である日本軍を征伐しなければならず、しかも一刻も早く朝鮮半島から追い落とさないと、明帝国の権威がおかされると考えていた。

それゆえ、明の総大将である董一元《とういつげん》は、冷静に考えれば援軍もなく一万石のコメも捨ててしまった島津軍をとりかこめば、一週間ほどの兵糧攻めで全滅させることができたはずであったが、待つことができなかったところに、大国の威信という焦りがあり、それが島津義弘の罠《わな》におちいった原因である。

【4】日本を最初に侵したのは朝鮮や中国

余談ながら、気になることがあるので記しておきたい。それは筆者が韓国を訪れるたびに聞くはなしなのであるが、韓国では秀吉の朝鮮侵攻が日本による朝鮮半島にたいする最初の侵略戦争であると教育していることである。

だが、元寇《げんこう》の役のときには朝鮮人である高麗《こうらい》軍がモンゴル人や中国人と一緒になって、二度にもわたって日本を侵略してきた事実がある。

しかも豊臣秀吉の侵略よりも三百年以上も前にである。モンゴル軍、高麗軍、南宋《なんそう》軍は、北九州の浜辺で、サムライ軍団に壊滅させられてしまったから日本を侵略したとは考えていないのであろうが、じつをいえば、朝鮮人と中国人、そしてモンゴル人こそが最初に平和国家・日本を侵略した民族であることを忘れてはなるまい。

韓国の歴史教科書が教える嘘

さらに、韓国では日本の室町時代から戦国時代にかけて、「倭寇《わこう》」が朝鮮沿岸を荒らしたので、日本を侵略国家であるとして教育をしているが、全くの嘘である。

なぜなら倭寇が出現するより四百年以上も前の平安時代・八一三年に新羅人《しらぎじん》多数が肥前に侵寇したのを皮切りに、八六九年にはおなじく新羅人が博多に侵攻し、八九三年にも肥前・肥後を侵している。さらに九九七年には高麗《こうらい》の賊が大挙して侵寇したうえに、一〇一九年には前述したように刀伊《とい》が来襲したが、このときは藤原隆家が撃退している。

韓国政府は、みずからの先祖である新羅、高麗の賊や刀伊などが、何度も九州や山陰地方をおそって、放火、殺人、拉致《らち》、略奪などをくりかえした事実を教育するべきである。残念ながら、韓国の歴史教科書には新羅や高麗の賊が日本沿岸を荒らしまわったり、同じツングース民族の刀伊が大挙して九州や山陰地方を荒らした事件は一切、記述されていない。日本人に倭寇《わこう》として外国領土を荒らしまわる知恵をつけたのは、まさにツングース民族である朝鮮人や女真族《じょしんぞく》であった。

平安時代の八一三年に新羅の賊が日本海沿岸を劫略《ごうりゃく》した記録があることから逆算すると、倭寇といわれる日本の賊が、朝鮮半島を初めて侵したのは、一二二六年で、肥前松浦党の一族であると、記録に残っている。

つまり、倭寇がはじまる四一三年も前から、ツングース民族である新羅、高麗、女真族などが、平和な島国・日本を侵略している事実を日韓両国の歴史教科書に記述する必要がある。それゆえ秀吉が大明征伐に乗り出したのも、春秋の筆法をもってすれば、元寇にたいする復讐戦であったのかもしれない。

第二部　日清戦争

第三章　平壌の戦い〔一八九四年九月十四日／日清戦争〕
——同数の兵力で超大国・清を二日で破る

【1】日清戦争はなぜ起きたのか

朝鮮で東学党《とうがくとう》が全羅道《ぜんらどう》と忠清道《ちゅうせいどう》でいっせいに蜂起したのは、一八九四年五月四日であった。「東学」とは「西学（キリスト教）」にたいするもので、儒教・仏教・道教をあわせたものに現世利益をくわえた新興宗教であるが、五百年間つづいた李氏朝鮮の秩序はすでに老朽化と腐敗が進んでいたため、農民の間に改革をとなえて急速にひろがり、世情を不安にさせていた。

さらに重税にあえいでいた農民たちは、一八九四年の二月ごろから抗議行動を暴徒化させ、甲午《こうご》農民戦争といわれるほどに過激さをましていたが、東学党はこれと一体化するかたちで激しい一揆となり、各地の郡役所をおそって政情が一気に不安定となった。

これを鎮めようとした朝鮮政府の軍四千は、逆に東学党軍にやぶられ、全州城などは一揆軍に占領される事態となった。

あわてた朝鮮政府は、宗主国《そうしゅこく》である清《しん》帝国にたいして派兵を依頼し、清国も出兵要請を受諾すると通告してきた（九四年六月六日）。日本はすでに朝鮮とは不平等条約を押しつけて国交を樹立していたが、日朝との外交案件にたいして朝鮮は自国では決して決定をせず、つねに宗主国である清帝国の意向にしたがう外交を展開（事大主義）し、日本をいらだたせていた。

朝鮮内部では、日本の明治維新にならって国内を改革しようとする一派と、宗主国・清の意向に従っていればよいとする一派との争いが激化し、一八八二年（明治十五）には壬午《じんご》の変、一八八四年には甲申《こうしん》の変などの政変がくりかえされていた。

清国の条約違反をついた日本

このため、日本と清帝国は朝鮮内で紛争が起きたときには、両国が共同して出兵し騒乱を鎮めるという「天津条約」をむすび（一八八五年）、一方が出兵するときは必ず相手側にも事前通告するという協定内容にしてあった。ところが、「東学党」の乱が発生したとき、清帝国はこれをおこたり一方的に出兵をおこなって、首都ソウルに派兵してきた。

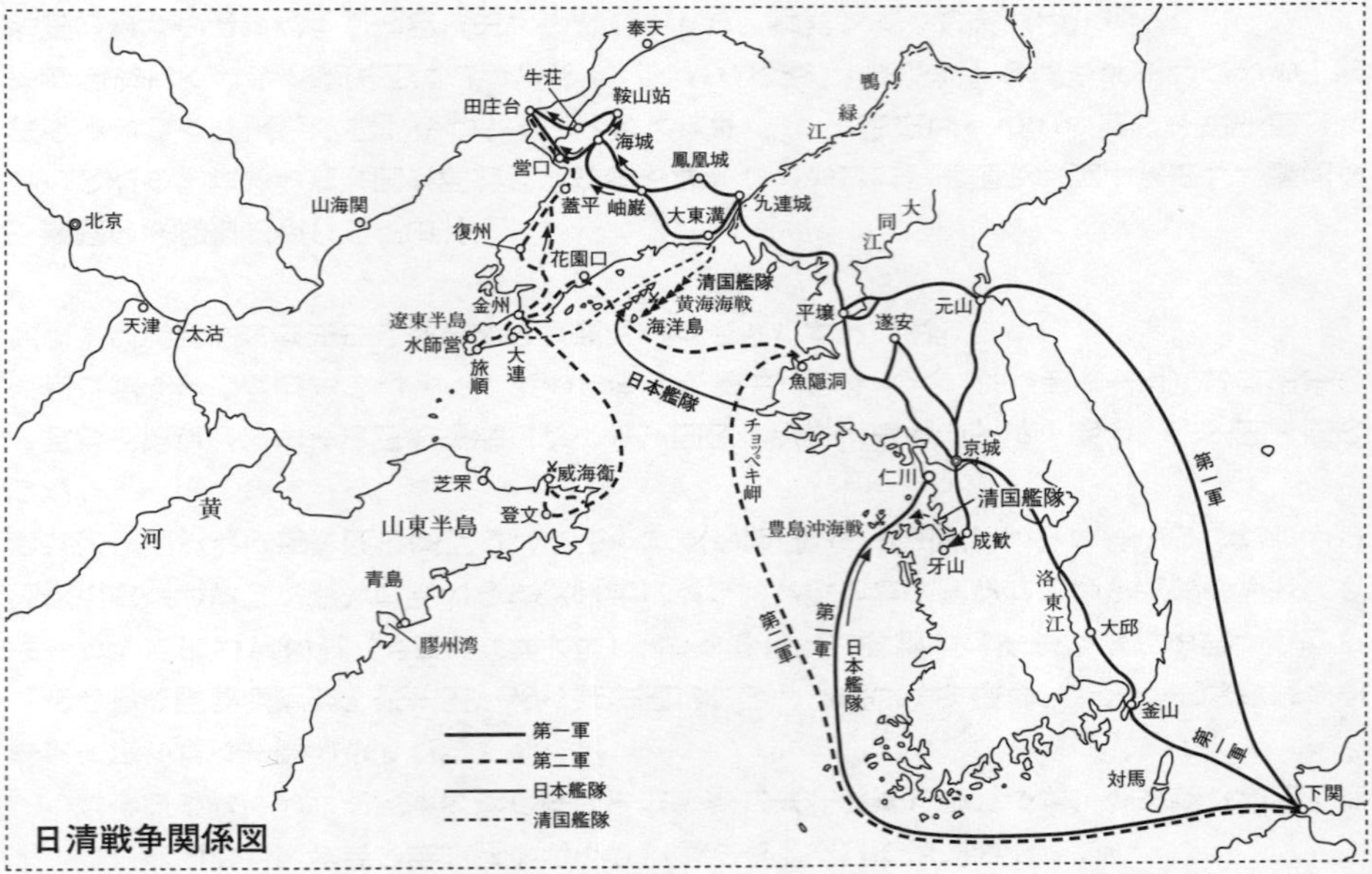
奉天
牛荘
鞍山站
田庄台
海城
鳳凰城
営口
蓋平
岫巌
大東溝
九連城
鴨
緑
江
大
同
江
山海関
北京
復州
花園口
清国艦隊
黄海海戦
海洋島
金州
遼東半島
水師営
旅順
大連
天津
太沽
平壌
元山
遂安
魚隠洞
日本艦隊
チョッペキ岬
京城
仁川
清国艦隊
豊島沖海戦
成歓
牙山
芝罘
威海衛
登文
山東半島
黄
河
青島
膠州湾
第一軍
洛
東
江
大邱
第二軍
第一軍
日本艦隊
釜山
第一軍
対馬
下関
第一軍
第二軍
日本艦隊
清国艦隊

日清戦争関係図

この情報を察知した日本のソウル（京城）駐在公使・大鳥圭介は、清国の出兵から一週間たった一八九四年（明治二十七）六月十三日、海軍陸戦隊四百をひきいて京城に到着し、さらに大島旅団三千も後から朝鮮に上陸した。清国軍隊とほぼ拮抗した軍事力をもった大鳥圭介は、七月二十日、朝鮮王宮に陸戦隊とともに乗りこみ、朝鮮国王にたいして清との宗属関係を破棄することと、清国軍隊の撤兵を強く要求した。

大鳥圭介の武力を背景とした脅しに屈した朝鮮国王は、牙山《がざん》に駐屯する清国兵三千の撤兵を、大鳥公使に一任するむねの公文書を七月二十五日に出した。

公文書が出るやいなや派遣されてきた大島旅団三千の部隊は、七月二十六日に牙山の清国軍に撤兵を要求したが、拒否されたため、ついに戦闘がはじまった。大島旅団は牙山の清軍陣地を猛攻して陥落させ、同月二十九日、清国軍三千は平壌へ敗走した。

一方、おなじ年（一八九四）の七月二十五日、豊島《ほうとう》沖では清国海軍の「済遠《さいえん》」と「広乙《こうおつ》」が、日本側の「吉野《よしの》」「秋津洲《あきつしま》」「浪速《なにわ》」の三艦と遭遇したさい、とつぜん発砲してきたことから海戦がはじまった。結局、「済遠」は逃げ、「広乙」は浅瀬に乗りあげて降伏した。こうした経過の後、日本は八月一日、清国《しんこく》にたいして宣戦を布告した。

【2】士気に雲泥の差

清帝国との戦争は、日本が明治維新をむかえて近代国家に邁進してから二十七年後におとずれた初めての対外戦争であった。

秀吉が起こした文禄・慶長の役からは約三百年を経過している。しかも徳川幕藩体制では鉄砲をすてる政策をおこなってきたから、日本人は対外戦争の経験もなく明治維新になってから初めて、軍隊というものを国家が保有した。つまり外敵にたいする近代国家軍隊の運用については、経験がなかったのである。

しかも、相手は国土面積において日本の四十倍、人口においても十倍以上をほこる巨大な超大国であった。清帝国は十九世紀に入って欧米列強の侵略をうけたとはいえ、アジアにおける巨大帝国に変わりはなかった。

このため、欧米列強は清帝国を「眠れる獅子」として恐れ、規模の小さな陸上戦闘や艦隊による戦闘では勝利をおさめることはできても、数万人を動員するような本格的な陸上戦闘を仕かけることは無謀と考えられていた。

眠れる獅子に挑んだ初の対外戦争

ところが、極東の小国である日本が清帝国と全面戦争に突入したのである。欧米列強諸国は驚いたが、はじめからこの戦いの趨勢《すうせい》は清帝国の勝利にあると見越していた。清国が負けた牙山《がざん》における戦いは、双方が旅団クラスの小規模部隊同士のうえに、清国側に対日戦準備がなく、日本軍が奇襲に近い戦法によって勝利をおさめたこともあって、清帝国が破れたのはむしろ当然と見ていた。

果たして、牙山での戦闘は不利とみて、清国側はさっさと撤退し平壌《へいじょう》城に集結して日本軍と一戦をまじえる体勢をととのえた。

朝鮮の牙山に駐屯していた清国の葉志超《ようしちょう》軍が、日本軍との戦いで大敗を喫したという情報は、一八九四年八月六日、平壌に集結していた清国陸軍の四将軍につたえられた。四将軍とは、衛汝貴《えいじょき》、馬玉崑《まぎょくこん》、左《さ》宝貴《ほうき》、豊陞阿《ほうしょうあ》の四人で、衛は六千をひきい、馬は二千を、左は三千五百、そして豊は千五百をひきいて平壌に集結していた。

朝鮮における日本軍の進攻にたいし、清国軍は朝鮮での最後の砦として前述したように平壌に一万三千をあつめた。

清国は朝鮮の宗主国としてのメンツがあり、政治的見地からすればなんとしても平壌を日本軍の手にゆだねるわけにはいかなかった。ただし軍事的見地からするならば、平壌は清国軍の前線基地からは離れすぎており、国境の鴨緑江の清国側にある九連城《きゅうれんじょう》に拠点をおくべきであったが、清国側は政治を軍事に優先させた。

平壌城は大同江が城の東側を流れるが、大同江は川床の幅が五百メートルから広いところでは千二百メートルもあり、干潮のときでも歩いて渡ることができないほど深い。そこで清国軍は、城の付近十数キロ以内にあった船を左岸にひき寄せたり、破壊したりして日本軍に使用させないようにしていた。

また、八月九日ごろには城の大同門の外にある船橋が壊れたので、新たに船橋を架設して両岸を連絡し、川を渡った地点に堡塁《ほうるい》を設置して部隊を配置した。

平壌の戦いこそ超大国を破った正規戦

平壌城の周囲をかこむ城壁は高さ十メートル、厚さは基脚部分で七メートル、頂上部分では二メートルあり、これに厚さ八十センチで、銃眼をひらいた障壁をかぶせて鉄壁の防御をほこっていた。

この平壌城へ牙山から敗走してきた葉《よう》提督とその部隊約三千が到着し、総勢一万六千となって日本軍迎撃の準備にとりかかった。

平壌城での最高司令官となった葉提督は、九月十二日に防御命令を出したが、陸軍の四将軍たちは小国の日本に大敗を喫した葉提督に不信感をいだいていたから快く思わず、士気もおとろえ軍紀・風紀もしばしば乱れる傾向にあった。

一方、日本軍は牙山から逃げる清国軍を追うかたちで漢城《かんじょう》（ソウル）をへて、平壌城へと到着したが、清国側は城の東側は大同江のため城の西方に堡塁をきずき、城をかこむかたちで右から牡丹台《ぼたんだい》、箕子台《きしだい》、又陽門《ゆうようもん》、舌池門《ぜっちもん》などの地点にそれぞれ、部隊に名称をつけて「秦《しん》軍《ぐん》」「盛字軍《せいじぐん》」「毅字軍《きじぐん》」として配置した。

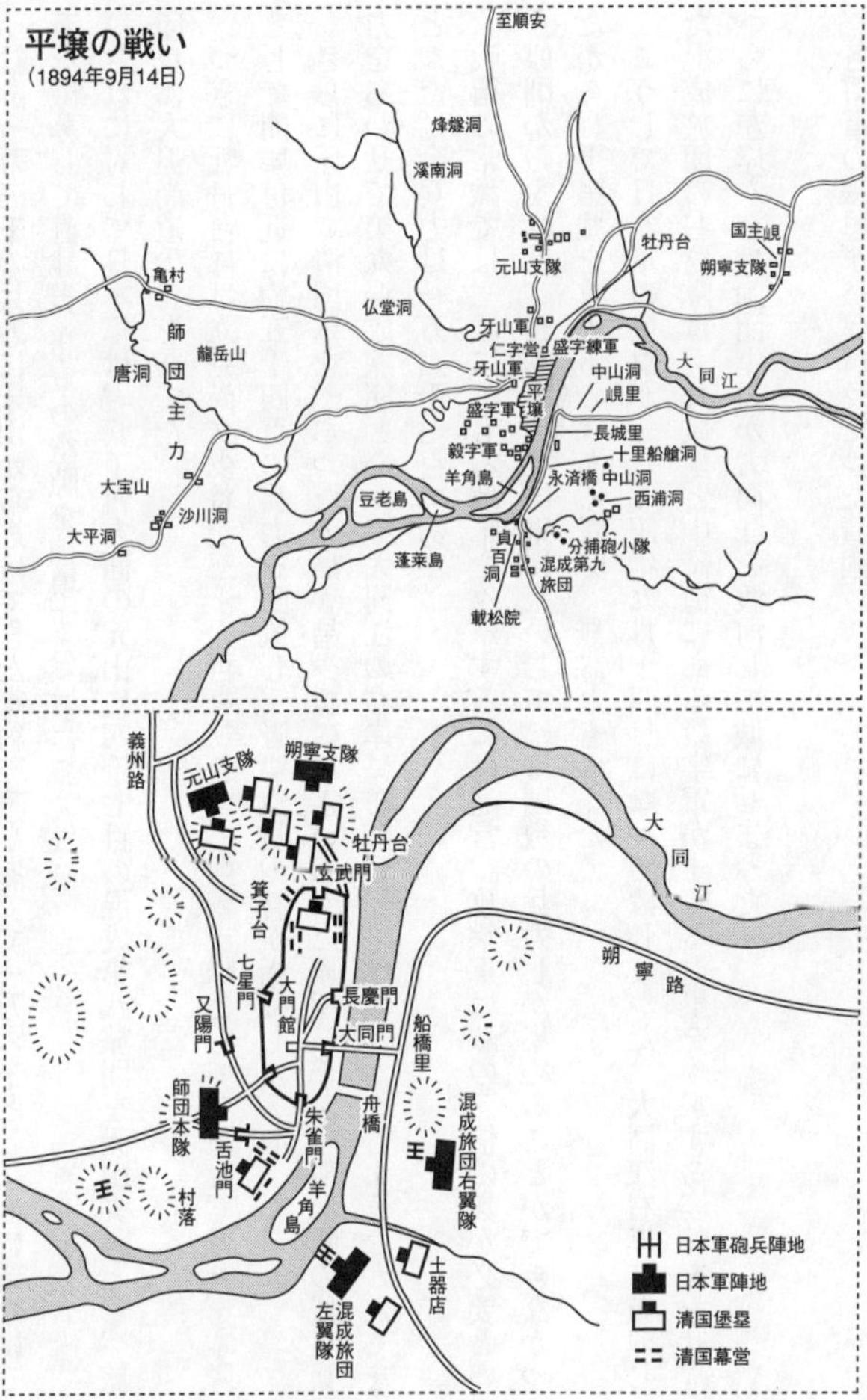
平壌の戦い
（1894年9月14日）
至順安
烽燧洞
溪南洞
国主峴
牡丹台
朔寧支隊
元山支隊
亀村
仏堂洞
牙山軍
仁字堂
盛字練軍
大同江
師団主力
龍岳山
唐洞
牙山軍
中山洞
峴里
平壌
盛字軍
長城里
毅字軍
十里船艙洞
羊角島
永済橋
中山洞
大宝山
西浦洞
沙川洞
豆老島
大平洞
貞百洞
分捕砲小隊
混成第九旅団
蓬莱島
載松院
義州路
元山支隊
朔寧支隊
牡丹台
玄武門
箕子台
七星門
大門館
長慶門
朔寧路
又陽門
大同門
船橋里
師団本隊
朱雀門
舟橋
混成旅団右翼隊
舌池門
羊角島
村落
土器店
混成旅団左翼隊
日本軍砲兵陣地
日本軍陣地
清国堡塁
清国幕営

総計一万三千の兵力に牙山から逃げてきた軍約三千をあてて一万六千とし、他に新たに一万を徴募して直隷省《ちょくれいしょう》諸軍の空隙を補填することにした。

これに対して日本軍は、箕子台方面の元山《がんざん》に四千七百の混成第八旅団を元山支隊とし、旅団長に大迫尚道少将をあてた。

つぎに牡丹台には立見尚文少将が三千六百をひきいて朔寧《さくねい》支隊として布陣し、残りを本隊として開城付近に約五千四百の兵力を配置し、野津道貫中将が指揮した。

さらに牙山で清国軍をやぶった大島義昌少将にひきいられた旅団三千が、他部隊の残存兵力をあわせて第九混成旅団となって大同江の右岸に布陣し、平壌城をかこむようなかたちをとった。全兵力は一万六千七百である。

戦術の常識では、城にこもる敵軍を攻撃するには通常、攻撃軍は敵の三倍の数が必要という原則からすれば、日本軍は清国軍にたいしてほぼ同数の兵力しか集めることができなかったから、平壌城を攻めるのはある意味、無謀ともいえた。

こうして日本軍の攻撃が一八九四年九月十四日になってはじまった。大同江右岸に布陣した混成旅団の右翼隊は、長城里と中碑街《ちゅうひがい》にある毅字軍がまもる堡塁を攻撃する姿勢をみせ、さらに左岸からは師団主力が大同江を渡河して城にせまった。

各将軍の意思がバラバラだった清国

城が完全に包囲されたと見た清国軍の葉提督は、十四日の夕刻、城内に諸将をあつめ「籠城するよりも脱出して北方の義州に逃げて再起をはかる方がよいのでは」と提案したが、左宝貴が真っ向から反対したので、退却案は退けられた。

しかし、左将軍は葉《よう》が逃亡するのではないかと疑心暗鬼におちいり、部下を見張《さ》らせる事態となったため、葉の威信はまったく地に落ち、葉の出す命令はことごとく無視された。このため、以降の戦闘指揮は諸将が独断でおこなうことになった。

一夜明けて九月十五日の戦闘では、清国軍は各部署をまもる指揮官がそれぞれ戦闘指揮をとった。大同江左岸に布陣した毅字軍の一部は、最後まで頑強に抵抗し、何度も日本軍の突撃を撃退した。

しかし左岸の秦軍がまもっていた箕子台と牡丹台は、日本軍の猛攻にあって堡塁を突破されてしまった。それでも秦軍は何度も奪還のための攻撃をおこなったが、日本軍の堅塁を破ることはできず、敗残兵はぞくぞくと玄武門《げんぶもん》から城内に引き上げてきた。

戦闘は早朝からはじまったが午後二時ごろになって、清軍側の敗色が濃くなった状況をみて、ただちに葉志超と衛汝貴は開城のための相談をはじめたが、左宝貴は猛反対をし七星門から討って出て戦死してしまった。

実際、清国軍は平壌城にひきこもったとはいえ、士卒たちの士気は決して衰えておらず、この日の午後には清国軍の攻撃力が勢いを盛りかえし、持久戦の様相を呈しはじめた。清国軍にすれば、籠城をしているうちに援軍がかけつけ、日本軍の背後から襲ってくれるものと期待していたからである。

ところが、肝心の葉と衛二人の将軍には戦う気力がもはやなくなっていた。左将軍の戦死が分かると、好機到来とばかり午後四時四十分には白旗をかかげてしまった。しかも葉も衛も国際法でいう降伏開城という言葉の意味をまったく理解していなかったために、撤退のさいに無用の犠牲者を多数出すことになった。

葉たちが理解していた降伏開城とは、守る側の兵が降伏の意思をあらわした場合、それ以降は相手側は攻撃をせず、守兵はみずから希望する方向に撤退ができ、攻撃側は空《から》になった城を接収するものと考えていた。

だが、国際法では降伏した側は攻撃側の捕虜となることが条件になっていたが、そのことを彼らは知らなかった。

二日間で陥落した平壌城

戦時国際法を知らない葉提督は、退路になる元山方面をまもる日本軍にむけて、平安道監察使・閔丙奭《びんへいそう》を介して朝鮮人の使者を送った。

ところが朝鮮の使者がいまだ帰らない午後八時ごろに日本軍は射撃を中止し、箕子台《きしだい》を占領していた日本軍が若干後退したように見えた。

このため、葉らはてっきり閔の要求がとおったものと判断し、この夜、九時ごろから城門をひらいて撤退をはじめた。だが、実際は、朝鮮人の使者は日本軍の総司令部に降伏の申し入れをしたが、日本側は諸陣地にいる各将軍を呼びあつめて協議しなければならず、その対応に手間がかかって交渉は中断していた。

日清戦争当時、前線への糧食や物品を揚陸する日本軍の兵站

当然のことながら最前線をまもる日本軍には、いまだ葉の降伏が知らされておらず、日本軍司令部もこの降伏の話を聞いただけで、降伏にともなう調印や諸手続きは何もなされていなかった。

したがって、前線を守備する日本軍にすれば、突然城門をひらいて出てきた清国軍が闇夜にまぎれて夜襲するものと判断し、これを阻止するべく攻撃をくわえた。一方、まさか攻撃されるとは思っていなかった清国側は大混乱におちいった。葉軍と衛軍は、ほうほうの態で平壌城から脱出し、八十キロ北の安《あん》州《しゅう》へ逃れた。

葉と衛の部隊が先をあらそって逃げ出したのをみると、他の清国部隊も平壌城の防衛を放棄し、われ先にと城門から逃げはじめ、あっという間に城は空《から》となってしまった。

一方、安州を守備していた清国軍は二千人、砲二門を持っていたが、ぞくぞくと逃げてくる清国軍を収容し、葉にたいしてここで日本軍を迎え撃つことを建言したが、葉は聞き入れずさらに清国との国境にある義州へと、あわてふためいて逃げていった。これを見て、安州を守備していた部隊も先をあらそって退却していった。

要するに、平壌での戦いはわずか二日の戦闘で日本軍の大勝におわり、翌九月十六日の朝には、城内はからっぽとなって、日本軍はほとんど無血で平壌を占領することができた。

平壌での戦闘に参加した日本軍の兵力は約一万七千、山砲四十四門、清国軍の兵力も約一万七千で拮抗《きっこう》しており、山砲二十八門、機関砲六門を持っていた。日本軍の死者は将校以下一八〇名、負傷者は五〇六名、消費した弾薬は榴弾六八〇発、榴散弾二一二八発、散弾十六発、小銃弾二十八万四八六九発であった。

武器の比較では日本軍の方が優勢のように見えるが、日本軍の山砲は青銅砲や村田銃で西南戦争時代のものが多くふくまれていたのにたいし、清国軍のそれはクルップ式野砲とモーゼル式小銃をそろえていたから、むしろ清国軍の方が武器の点では勝っていたといえる。

一方、清国軍の死者数は二千余名、日本軍の捕虜となったものは負傷者一二七名をふくむ六百余名であった。

また、日本軍が捕獲した兵器は、野砲四門、山砲二十五門、機関砲六門、砲弾九百発、小銃一一六〇梃、小銃弾五十六万発のほか、雑兵器、糧米二千九百石、雑穀二千五百石、つまり一万五千人の一ヵ月分の食糧を獲得した。

【3】平壌の戦い：勝利の因子

なにゆえ日本軍が勝てたのか原因をさぐると、日本軍よりも清国側に大きな欠点を見出すことができる。

清国軍は内乱鎮圧用の軍隊だった

第一に、清国軍は「外国軍との戦闘用に訓練されていなかった」ことである。

清国軍という軍隊はあくまでも内戦用であり、国内人民にたいする示威用の軍隊にすぎなかったから、近代的戦闘に不可欠な戦術と訓練、機動力、輸送力、兵站などの設備がいずれも不足していた。

このため戦場で必要な機動と集中ができず、機動戦闘は不可能でもっぱら城壁にたよって専守防衛作戦とならざるを得なかった。そして専守防衛に徹したために、新たな守備位置にむけて部隊移動をするさいには、味方が逃亡するのではないか、あるいは裏切るのではないかと疑心暗鬼におちいり、つねに大混乱を呈して逃亡兵の存在を許した。

清軍には攻撃精神が欠如していた

第二に、清帝国側部隊そのものに「攻勢精神が欠如」していたから、日本軍との戦いではつねに城にこもって防御施設を堅固にするとともに、籠城《ろうじょう》のための弾薬、食糧だけは十分に貯蔵した。

このため、正攻法をもって城壁に拠《よ》る清軍を攻める場合は、清国軍は力を発揮し頑強に抵抗したから日本軍も苦戦を強いられている。

清の兵士たちに愛国心なし

第三に、清帝国軍側に「愛国心と戦意が欠如」していたことである。総指揮官の葉志超に戦意なく、つねに戦場から逃げ腰の将軍であったことが、清国側の不幸であり、日本側に幸いした。

このことは清朝政府の官僚機構が腐敗しきっており、皇帝独裁のもとでの外交・軍事政策がすでに機能麻痺の状態になっていたことを示している。そのうえ、清国人一般に国家という意識が浸透していなかった。

さらに清帝国皇帝は漢民族にとっては外国人である満州人であり、したがって愛国心は希薄であり兵士もなぜ戦うのか、戦う意味をよく理解していなかった。逆に、日本側は一兵卒にいたるまで、国家的危機感を抱いていたので、戦闘に向かう姿勢と士気はきわめて高かった。要するに日本軍は勝つべくして勝ったといえよう。

日本兵の教育度は高かった

第四に、「日本人の教育度がきわめて高かった」ことである。明治維新後の一八七二年（明治五）、義務教育制度のはじまりである学制布告が出て、それまで寺子屋でおこなわれてきた教育が学校というかたちをとり、当初こそ義務教育ではなかったが、下等小学校四年、上等小学校四年の制度ができ、希望者はだれでも進学することができるようになった。

そして一八八六年（明治十九）には小学校令が発布され、尋常小学校四年間の本格的義務教育が課されるようになり、日本人なら等しく初等教育が受けられるようになった。

だが実は、義務教育がはじまるはるか前の一八五三年時点での、日本と欧米諸国の教育程度を比較した統計表をみると、ペリーが来航した時点ですでに、日本の初等・中等教育は欧米列強諸国をおさえてトップに位置していたのである。

このことは、一八九四年に起こる日清戦争にそなえるまでもなく、日本人は文盲が少なかったうえに徴兵され訓練をうけた若者たちは、武士階級以外の者でも、すでに読み書き計算能力が十分にそなわっており、大砲の照準・着弾計算などもすばやくおこない、近代戦争を十分に遂行する能力があったということである。

第四章　黄海海戦〔一八九四年九月十七日／日清戦争〕

――軽快艦隊で巨艦二隻を倒す

【1】本質を理解していた日本海軍

日清戦争にむけて日本が保有していた艦隊の勢力は、軍艦二十八隻、水雷艇二十四隻、合計トン数は五万九〇六〇トンであり、清国海軍は六十四隻の軍艦と二十四隻の水雷艇をもち、合計トン数は八万四千トンであった。

しかしながら、この艦隊のうち日本艦隊と決戦をするのは北洋艦隊で、軍艦二十五隻、水雷艇十三隻、合計トン数は五万トンで、ほぼ日本艦隊と互角であった。

敵は世界最強、最新鋭の戦艦二隻

ただし、北洋艦隊は「鎮遠《ちんえん》」「定遠《ていえん》」という七千トンを超える最新鋭の戦艦二隻を保有していた。

この二艦はドイツで建造され、当時としては世界最強といわれる分厚い装甲でおおわれていたうえに、三十サンチ（十二インチ）砲塔も旋回式というすぐれたもので、攻撃力・防御力ともに世界一といわれていた。

これに巡洋艦八隻をくわえた十隻が清帝国海軍の決戦用艦艇であった。

一方、日本の決戦艦隊も同じく十隻だったが清帝国のように戦艦はなく、いずれも鋼鉄製の四千トン前後の巡洋艦であった。そのかわり速力は二十ノット以上の快速をほこり、その運動性能では清国艦艇を大きくひき離していた。

ただ日本の巡洋艦が搭載している中小口径砲では、清国戦艦を撃沈することは不可能であった。黄海《こうかい》海戦は一八九四年（明治二十七）九月十七日にはじまるが、黄海海上には観戦武官を乗せた各国の軍艦が遊弋《ゆうよく》して、日清両艦隊とも真の敵を見分けるのに苦労したほどである。

ともあれ、日本の決戦艦隊十隻の内容をみると、先陣（第一遊撃隊）は「吉野《よしの》」「高千穂《たかちほ》」「秋津洲《あきつしま》」「浪速《なにわ》」の四隻で、旗艦は「吉野」、司令官は坪井航三少将、本隊は「松島《まつしま》」「千代田《ちよだ》」「厳島《いつくしま》」「橋立《はしだて》」「比叡《ひえい》」「扶桑《ふそう》」の六隻で合計十隻、司令官は伊東祐亨中将であった。

日本艦隊は朝鮮の黄海道から黄海につき出したチョッペキ岬を、一八九四年九月十六日夕方五時に出撃した。目標は鴨緑江の南西八十海里にうかぶ海洋島である。このため、日本艦隊ははじめは西方に進み、明け方に近づくにつれて進路を北東に転じていった。

ことばの障害が操艦を左右した

夜が明けて九月十七日になり、日本艦隊は単縦陣《たんじゅうじん》を組んで十ノットの速力で進んでいたが、午前十時二十三分に「吉野」が東北東の水平線上に黒煙を発見した。さらに正午には十隻の敵艦隊を視認できるまでになった。

清国《しんこく》艦隊は七ノットの速力で進んできたが、その陣形は全艦が横陣《おうじん》になり、しかも鶴翼《かくよく》の陣形というよりはV字型の状態で南下してきた。

清国艦隊は本来は横一文字に大きくひらき、かつ凸凹のようにギザギザの陣形（つまり鶴翼陣）で進みはじめたものが、各艦の操艦技術が低く、凸凹陣形がとれなかったので、指揮官の丁汝昌《ていじょしょう》提督は統一指揮をあきらめ各艦の自由行動にまかせる方針をとらざるを得なかった。

その結果、進むにつれて艦隊の陣形はゆるやかなV字型をつくりながら日本艦隊と遭遇することになった。

清国側各艦長の操艦技術が拙劣であったことも一因であるが、もう一つは信号や号令につかう海軍用語がすべて英語でおこなわれていたために、戦闘にさいして外国語を使用することはかえって混乱のもととして、信号を使用することをあきらめてしまった。

というのは、北洋艦隊の軍事顧問は数年間にわたって英国人のラングがおこなってきたが、清国海軍では海軍用語を漢語に翻訳していなかったのである。

しかも、ラングは清国人が教練に不熱心のうえ、演習中の艦上でも博打《ばくち》をするなど怠惰な性格に嫌気がさし、開戦前に辞職して英国に去ってしまった。このため、北洋海軍はすぐにドイツ人数人を顧問として雇い入れ、黄海海戦に間に合わせていた。

結局、ドイツ人教官はやむをえず英語を使用したが、清国士官も兵もドイツ訛りの緊急英語を理解することは困難なため、手ぶり身ぶりで指示を出すことになり、教官として雇い入れた意味がなかった。

余談ながら、日本海軍は勝海舟などが幕末にオランダ海軍から学びはじめた海軍伝習所時代から、海軍用語を

日清戦争時の主力艦「松島」。黄海海戦で砲弾をうけ損傷した

オランダ語から日本語に翻訳し、維新後、本格的に英国から学んだ段階からほぼすべての海軍用語を日本語になおして教育・訓練をおこなっており、司令官から一水兵にいたるまで、命令系統は迅速に機能していた。

結局、北洋艦隊の陣形は、ゆるいV字型の中央に主力艦となる戦艦「鎮遠」と「定遠」が位置し、右翼に「揚威《ようい》」「超勇《ちょうゆう》」「靖遠《せいえん》」「経遠《けいえん》」が、左翼に「済遠《さいえん》」「広甲《こうこう》」「致遠《ちえん》」「来遠《らいえん》」がならび、合計十隻の陣形で進んできた。

【2】鶴翼の陣か単縦陣か

黄海海戦で清国艦隊がとった横陣は、本来、凹凸の型を横一文字にならべる鶴翼《かくよく》陣形であるが、この陣形の有利な点は敵にたいして自艦の前方だけを見せるかたちになるため、敵の射撃にたいして被害を少なくできるという点である。

しかし、攻撃面からみると横陣では、自艦の前方にある主砲だけが射撃をし、両舷や後方にある大砲が使いがたいため砲戦には不利となる。

この横陣の不利を有利にするには、凸艦の列だけが急速に突進して味方陣営をはなれ、左右両舷の大砲を発射し、終わったらすぐに真っ直ぐ後退して、かわって凹艦の列が突出する方法や、もっとも右翼に位置する艦が最先頭にとび出し、以下、真ん中から右に位置する軍

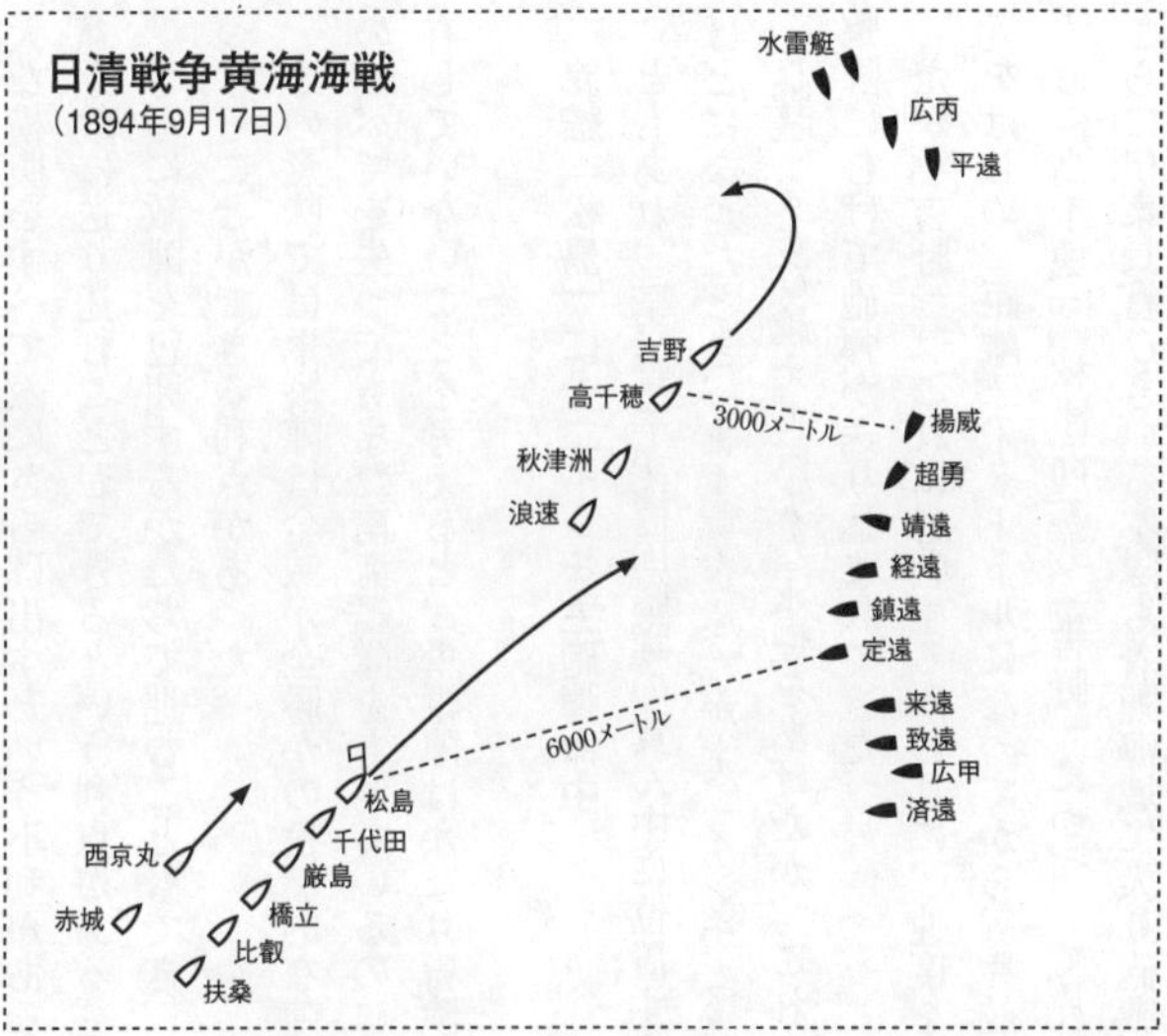

艦が、この後につづいて順次左側の艦列を追い越し、敵艦に左舷の砲を全開して攻撃する方法などがあった。そして最終的には、左右から敵艦隊をつつみこんでしまうという戦法である。

ただし、こうした艦隊運動をとるには高度に訓練された艦隊と優秀な指揮官、それに統一された指揮のための信号や号令が必要となる。

だが、丁《てい》提督自身は優秀であったが、他の幕僚や艦長などは技量や練度が低く、日本艦隊との決戦まではとうてい間に合わなかったため、丁提督としてはきわめて悲観してのぞんだ戦場であった。

一方、日本艦隊のとった単縦陣は、相手が敷《し》く横陣にたいして、自艦の長大な横腹をすべて敵にさらけ出すという不利があるが、同時に片舷にあるすべての砲から弾丸を敵に送り込むことができるという利点がある。

さらに敵陣を包囲するかたちで進むこともでき、その間の運動中も片舷から砲弾を送りつづけることができる利点があった。

その意味では単縦陣は全滅か全勝かの投機的な陣形でもあるが、清国側がたとえ北洋海軍のすべてを失ってもまだ南海艦隊をもっているのにたいし、日本はワンセットの艦隊しか保有していないことを考えると、単縦陣はかなり冒険的な陣形であったともいえよう。

旗艦「松島」に十二インチ主砲弾命中

ともあれ、「吉野」が清国艦隊の真ん中に位置する「定遠」と、距離が五千八百メートルほどになったとき、まず「定遠」が十二インチ（三十サンチ）の主砲弾を発射した。砲弾は「吉野」をとび越えて巨大な水煙をあげたが、これを合図につぎつぎと清国軍艦から第一遊撃隊にむけて砲弾が送り込まれてきた。

だが「吉野」はこれに応戦するかわりに、速度を十四ノットに上げて急速に清国艦隊に接近をはじめ、距離三千メートルになってから、片舷の砲門すべてをひらいて応射した。後続する「高千穂」「秋津洲」も「吉野」につづいて片舷の全砲門をひらいて砲弾を送り込んだ。さらに伊東長官ひきいる本隊も着弾海域に入り砲戦を開始した。

日本艦隊の大砲は中小口径砲のために、清国戦艦こそ撃沈することはできなかったが、最新の速射砲を多くつんでいた。清国艦隊が保有していた速射砲が一四一門であったのにたいし、日本艦隊は二〇九門も持っていたうえに、艦隊の機動力は「吉野」などの巡洋艦が二十五ノットを出して敵の照準をくるわせ、逆に高速を利用して清国艦隊に接近して敵艦の艦上施設や兵員を破壊してまわった。

清国海軍も勇敢に戦った。旗艦「定遠」が「吉野」に向けて放った第一弾は、命中しなかったが巨大な水柱を上げたため清国兵たちは戦意を高揚させ、「定遠」にならって一斉に砲門をひらいた。

清国艦隊は日本の第一遊撃隊を照準したが、日本艦隊は快速と速射砲をもって矢のように通りすぎて機会を失ったため、つづいて接近してきた日本の本隊にむけて猛射をあびせた。とくに戦艦「鎮遠」が放った十二インチ砲弾は、千七百メートルの近くまで接近しつつあった旗艦「松島」に命中し、しかも「松島」の装甲をぶちぬき、積んであった装薬に当たったから大爆発を起こし、付近にいた九十六人を一挙に死傷させた。

日本艦隊の速射砲で清国艦隊壊滅

しかしながら、清国艦隊の主砲弾が命中したのは「松島」への一弾のみで、他の砲弾は日本艦隊に致命傷をあたえることはできなかった。

清国艦隊の砲撃に比較すると、日本艦隊の砲撃は命中弾が多く、日本艦隊と同規模の四千トンクラスの清国巡洋艦隊を四隻も撃沈することができた。

すなわち、「超勇」「揚威」「経遠」「致遠」を撃沈させたうえ、舵を壊された「広甲」を暗礁に擱座させた。

また、日本艦隊は旗艦「定遠」には一五九発を命中させ、「鎮遠」には二二〇発を命中させたが、中小口径砲のために、分厚い装甲板を貫通させることができず、沈没させるにはいたらなかった。しかし、両艦とも艦上にある構造物をすべて破壊され、兵員も殺傷されたうえに火災もしばしば発生させて、戦闘能力を完全に奪ってしまった。

戦闘は四時間半つづいたが、清国艦隊は十二隻のうち五隻が沈没したり擱座し、残存七隻は戦闘能力を完全に失って山東半島方面にむけて遁走《とんそう》した。

しかもいずれの艦も、動くことはできたが戦うことは不可能で、威海衛に逃げ込んでから数ヵ月間は修理のために、艦隊行動はできなかった。

これにたいして、日本艦隊は一隻も撃沈されておらず、最もひどい損傷をうけた「松島」でさえ、最後まで戦闘を続行していたし、大島錨地にもどって補修をうけた日本艦隊は、わずか五日間で戦闘力と航海力をとりもどしてしまった。

要するに日本艦隊の大勝利であった。戦前の予想では、七千トンの最新鋭をほこる二隻の戦艦をもつ清国が、圧倒的に有利という評判であったが、終わってみれば清国艦隊は再起不能なまでに叩き潰されていたのである。

この黄海海戦での死傷者は、日本艦隊側は将校・士卒をふくめて死者一一五名、負傷者一六四名、合計二七九名であった。

それにたいし、清国側は詳細を発表しなかったので正確な数ではないが、死者七百名以上、負傷者三百名以上で総計千名を超えるはずと推定された。

【3】黄海海戦：勝利の因子

日本艦隊の勝因とは何であったのかを考えてみると、いくつかの要因があげられる。

快速の日本艦隊、鈍足の清国艦隊

第一に、日本艦隊は軽艦隊と揶揄《やゆ》されはしたが、その「快速性」が勝利を呼びこんだといえよう。「吉野」をはじめ日本艦隊は二十ノットから二十五ノットまでの快速をほこったが、清国艦隊は巡航速力を七ノット、戦闘速力を十ノットほどにしか出せなかった。

海戦におけるスピードの違いは決定的である。一ノットは約一・八キロであるから、日本艦隊は時速五十キロ近いスピードを出して艦隊を行動させたのにたいし、清国艦隊は十八キロ程度しか出せなかった。

思い起こせば、一五八八年の無敵艦隊と英国艦隊の決戦においても、スペインの無敵艦隊は巨大艦ではあったが、船足は遅く小まわりがきかなかったのに対し、英国の艦隊は高速をもって無敵艦隊による包囲網を突破している。

速射砲を多数装備した日本艦隊

第二に、「多数の速射砲」の威力である。

日本艦隊は口径の大きな大砲こそなかったが、速射砲の数において清国艦隊を上まわり、快速をもって最適な射撃距離をつくって敵を翻弄《ほんろう》することができた。このことは、装甲の分厚い戦艦にたいして、快速をもつ巡洋艦であれば機動力と速射砲をたくみに運用し、敵戦艦の艦上施設を破壊することによって勝利を獲得することができるという戦例を戦史に残した。

上下一体の団結を見せた日本艦隊

第三に、日本側は「指揮官と兵との意思疎通」がきわめてうまく行っていたために、指揮官は思うような戦術をとることができた点である。

つまり士官、下士官、兵のコミュニケーションがスムーズに行なわれたために、戦場での多くの不利・欠点を相互に補完し合い、大きな欠陥をつくらなかった。しかも統一された日本語による海軍用語を使用することができたから、号令や通信に齟齬《そご》をきたすことはなかった。

日本兵の愛国心が勇気を引き出す

第四に、日本艦隊の全員に「愛国心が旺盛」であったことである。

日本側は指揮官以下、最下級の兵にいたるまで清国との戦争を国家的危機としてとらえ、負けたら終わりという認識を持っていたから、個人的犠牲をかえりみずに戦闘に従事したことが挙げられる。

このことは、日本艦隊がしばしば千五百メートルの近距離まで近づいて決死の攻撃をくわえたことからもうなずけるのである。清国の軍艦でみずから日本艦隊に近距離まで接近して砲戦をいどんだ艦は一隻もなかった。

逆にいえば、清国水兵に愛国心や危機感といったものが欠如していたことでもある。理由は、清帝国皇帝は漢民族ではなく満州族であり、しかも中華民族からみれば「化外《けがい》の地」から本土を支配した外国人であり、野蛮人の長であるという認識であったから、満州族出身の皇帝にたいして忠誠心はなかった。

あるとすれば、戦いに勝って恩賞を得るか出世ができるかであり、国家の危機を救うなどという感情よりも、いかにして貴重な艦隊を温存するかの命令を重視していたから、自軍に不利な状況となれば戦場離脱しか頭になかった。戦争は生きるか死ぬかに関わるものであるから、清国側には命を張ってまで恩賞や出世などをめざす者はいない。

つまり、戦う前から双方の気構えに雲泥《うんでい》の差があった。

日本艦隊指揮官の冷静な判断

第五に、「指揮官の判断力」である。

日本艦隊を指揮した提督たちはサムライ出身であり、幕末の戊辰《ぼしん》戦争や西南戦争でも活躍した者が多かった。

洋上での艦砲射撃は命中率が悪く、よほど相手に接近しなくては命中しないことをよく心得ていたから、日本艦隊の提督たちは当時の大砲の有効射程距離である三千メートルを突破して、千五百メートルにまで接近する勇敢さを示した。

さらに陸上戦闘と同様に、兵員の一人ひとりの学力が高く、とりわけ軍艦同士による砲戦がすべてを決する海戦では、大砲の照準計算や着弾計算の能力は決定的に影響した。

日本海軍が速射砲を多く保持していたから勝利したのではなく、速射砲といえどもやみくもに打っていては決して当たらず、正確な計算にもとづく照準をおこなわなければならないからである。

清国側の砲弾が日本の旗艦「松島」に命中したのはマグレ当たりによる一発だけで、他の十隻にそなえられていた大砲や一四一門の速射砲の弾丸はすべて外《はず》れていることを見ると、清国側の照準計算能力はほとんどなく、やみくもに打ちまくっていただけという結果が明らかとなっている。

いかに教育が大切かを示している数字である。

第三部　日露戦争

第五章　奉天大会戦〔一九〇五年三月一日／日露戦争〕

――一個師団で夜襲を敢行しロシア軍を撃破

【1】最強ロシアと子供の日本

日清戦争後十年をへて戦われた日露戦争は、一九〇四年から〇五年にかけてだが、最大の陸軍決戦は満州を舞台として、海軍は黄海と日本海を舞台にして激戦が展開された。いずれの戦いも歴史に残る大激戦であったが、ここではまず、陸軍の戦いぶりから見て見よう。

陸軍の場合は、遼東半島の先端に位置する大連から満州鉄道にそって北上し、ロシア軍を満州から駆逐しようとする作戦であったが、途中から海軍の要請で旅順にこもるロシア極東艦隊撃滅のために、旅順要塞へも乃木軍十万を振りむけた。

ところが、堅固な要塞攻防戦に多大な人的損害をしいられたすえ、ようやく旅順の開城にこぎつけた。

日露戦わば日本などひとひねり

ロシアとの戦争は、明治になってから清帝国との戦争につづく二度目の対外戦争である。日露開戦にあたって列強諸国の観測では、日本は清国との戦争に勝利をおさめたとはいっても、清国はあくまでもおなじ黄色のアジア人種であり、文化的にもほぼ同質の民族であるから、戦術さえうまくつかえば小国でも勝つことができると考えて、日本の対清帝国戦争での勝利をそれほど高くは評価していなかった。

その理由は、当時の世界では有色人種と白色人種が戦えば、かならず白人が勝ち有色人種は勝ったためしがないという認識が常識としてあったからである。実際、植民地獲得に乗り出した白人諸国は、有色人種の軍隊を壊滅させ自国の領土としてきた経緯があった。

そのうえロシア陸軍の評価は、欧州ではもっとも高かった。理由は、ナポレオン率いるヨーロッパ最強のフランス軍が一八一二年に、ロシア遠征をおこなったがロシア帝国陸軍に大敗を喫し、ナポレオン没落の端緒《たんしょ》となったが、欧州を席巻してしまった軍事的天才のナポレオンでさえ、ロシア軍にはかなわないと見て内心では恐怖感さえいだいていたからである。

つまり十九世紀中を通して、世界一の陸軍国はロシア帝国という評価が欧州を中心として世界の常識でもあった。

しかし産業革命が起こり帝国主義政策を推進するために、一八七〇年を過ぎるころから欧州列強は着実に軍事力の増強をおこなってきた。二十世紀を迎えた一九〇〇年の列強の陸軍兵員数を見てみると、英国：六十二万人、ドイツ：五十二万人、イタリア：二十五万人、オーストリア・ハンガリー：三十八万人、フランス：七十一万人、そしてロシアは一一六万人の常備軍を備え世界最大の陸軍国を誇っていた。日本は一九〇〇年の段階では二十三万人であり、ロシア帝国との比較では五分の一の規模であった。

海軍力の比較においても、一九〇〇年時点のロシア海軍は三十八万三千トン、日本海軍は十八万七千トンで二分の一の規模であった。日露両国軍隊の規模にこれほどの差があったために、日露戦わば日本はロシア帝国にひとひねりで敗北を喫すると思われていたのも無理はない。

初めから敗戦必至と見られていた陸戦

わずかに英国海軍と米国海軍が、黄海海戦を実地に見て日本海軍の技量を侮るべからずとして、それぞれの軍事報告書にのせていたが、日本陸軍の日清戦争における技量についてはほとんど評価などしていなかった。

欧米露など列強諸国の見方は、清国陸軍のあまりの弱体ぶりのために日本陸軍が勝利をも

大国の陸軍兵員数（1880〜1914年）

出典：Qライト

	1880	1900	1914
ロシア	79万1千	116万2千	135万2千
フランス	54万3千	71万5千	91万
ドイツ	42万6千	52万4千	89万1千
英国	36万7千	62万4千	53万2千
オーストリア・ハンガリー	24万6千	38万5千	44万4千
イタリア	21万6千	25万5千	34万5千
日本	7万1千	23万4千	30万6千
アメリカ	3万4千	9万6千	16万4千

大国の軍艦保有量（1880〜1914年）

単位：トン

	1880	1900	1914
英国	65万	106万5千	271万4千
フランス	27万1千	49万9千	90万
ロシア	20万	38万3千	67万9千
アメリカ	16万9千	33万3千	98万5千
イタリア	10万	24万5千	49万8千
ドイツ	8万8千	28万5千	130万5千
オーストリア・ハンガリー	6万	8万7千	37万2千
日本	1万5千	18万7千	70万

のにしただけという評価であり、むしろ小国・日本に負けた清国をもはや「眠れる獅子」という位置から、「逃げまわる豚」くらいの認識へと変えていった。そして安心して清帝国の領土分割競争に入っていった。

同様に、日本の相手がロシア帝国となっても、ロシア帝国陸軍の評価はまったく変わらず、日本の敗戦を疑うものはいなかった。なぜなら白人国家のロシア帝国陸軍は世界一の兵数と装備をほこり、かのナポレオン軍でさえロシア陸軍に大敗を喫したほどの大陸軍国であったからである。

当時ヨーロッパにおいては最強の陸軍国をほこっていたドイツやフランスでさえも、単独でロシア帝国陸軍と一戦をまじえる勇気はなかった。また海軍にしても、ロシアは自力で戦艦や重巡洋艦を建造する能力をもっていたし、バルチック艦隊、黒海艦隊、極東艦隊と分かれて保有してはいたが、その全てを合わせれば、世界第三位の海軍国という規模をほこっていた。

これでは、たとえ日本が清帝国を破ったとはいっても、しょせんは井のなかの蛙でロシアにとっては鎧袖一触《がいしゅういっしょく》、日露戦争の結果はロシア帝国が極東に新たな領土を持つことになるというのが、衆目の一致するところであった。

旅順要塞をめぐる攻防戦では日本はたしかに陥落させることはできたが、その損害は兵も軍費も莫大《ばくだい》なもので、攻撃した乃木軍十万は六割ほどの大損害を出して、ようやく手に入れた勝利であった。むしろ旅順要塞司令官のステッセルが、わずか半年の籠城《ろうじょう》で要塞を明け渡したことを非難する声がロシアや欧州諸国で上がったほどである。

なぜなら一八五三年に戦われたクリミア戦争では、ロシア軍の籠城するセバストポーリ要塞にたいして、英仏伊そしてトルコの連合軍が攻撃をくわえたが、一年間も籠城戦に耐えたほど強靭な戦闘力を発揮していたからである。

日本が旅順の戦いに勝利したとはいっても、日本軍の損害の甚大さから類推すれば、満州での日本陸軍とロシア野戦軍との野外決戦では、ロシア軍に手もなく捻《ひね》りつぶされることが予測された。

ところが、満州の地をふんだ日本軍は遼陽の地で初めてロシアの大野戦軍と対峙したが、世界中の予想を裏切って、劣勢をはねかえしてロシア軍の重圧を押しのけ、満州奥地へ進撃をつづけるという信じられない攻勢を見せたのである。

横綱のロシア軍と中学生の日本軍

日本軍の主力部隊は大山巖・児玉源太郎にひきいられて、満州の原野を遼陽《りょうよう》会戦、黒溝台《こっこうだい》会戦、沙河《さか》会戦と損害を出しながらも、ロシア軍を撤退につぐ撤退に追い込みつつ、一九〇五年（明治三十八）三月一日には奉天を目の前にして、日露大決戦のための準備がおこなわれた。

奉天大会戦は三月一日から十一日までつづいたが、凍りついた大地に粉雪が吹き荒れる寒風のなかで行なわれるという、日露双方にとってきわめて辛い戦いとなった。

とくに国力の小さい日本軍はこれまでの会戦においても、兵力、弾薬、砲弾ともにロシア軍の三分の二の戦力しかなかったが、必死の闘志でもって巨大なロシア軍を北へ北へと押しもどしつつあった。奉天における決戦開始時点では、日本軍はすでに旅順を陥落させていたから、旅順攻略を担当した乃木軍が参加をしてきたが、旅順攻略では十万もいた兵士は、六割ほども失って奉天会戦時では正規の軍団としての機能は喪失していた。

それゆえ、乃木軍は奉天会戦では第三軍として布陣したものの、軍団の勢力は隷下の各師団ともに、正規の規模を失っていた第九師団（金沢）、第七師団（旭川）などを集めて四万八千人であった。これは当初、相対したビルデルリング大将ひきいるロシア第三軍と比較すると、歩兵において三分の二、火砲において三分の二の劣勢にあった。ロシア第三軍は五万五千の兵力である。

日本側第一軍は黒木為楨大将で、第十二師団（小倉）や第二師団（仙台）をふくめて五万六千人であったが、これに対するロシア第一軍はリネウイッチ大将が八万の軍勢をひきいていた。このため、黒木軍はリネウイッチ軍にたいし、歩兵と火砲において三分の二、騎兵において三分の一の劣勢であった。

日本の第二軍は奥保鞏大将が第三師団（名古屋）、第四師団（大阪）など六万九千の兵力を擁していたが、対するロシア第二軍はカウリバルス大将が八万以上の兵力で対峙していた。このため奥軍はカウリバルス軍にたいし、歩兵で三分の一、火砲で二分の一という劣勢であった。

第四軍の野津道貫大将は日本最強といわれた第六師団（熊本）を中心に南九州人の部隊で、これまでにも過酷な戦いを勝ちぬいてきたが、最強師団ということもあって兵力は他にまわされ、四万二千人で相手の主力であるクロパトキン軍九万四千六百人に当たっていた。このため野津軍はロシア軍にたいして、歩兵で二分の一、火砲で三分の二という劣勢であった。最後に鴨緑江軍三万二千人が川村景明大将にひきいられて、ロシア軍の左側面から攻撃をかけるかたちになった。

要するに、奉天会戦における戦力は、日本は十三個師団二十四万人、対するロシアは三十五個師団三十一万人であり、しかもロシアは新たに徴募した欧州軍を合わせれば二百万という大兵力をほこっていた。

つまりロシア軍は、日本軍との戦闘で戦死したり負傷したり、あるいは捕虜として日本に連れ去られた不足の兵力を、シベリア鉄道によってつぎつぎと新たな精鋭で補充できたのである。それに比較して日本の場合は、補充がきかなかった。

それゆえ師団数、装備から比較すればまさに横綱のロシア軍に対して、日本軍は痩せた中学生という図式であり、世界中のほとんどの国は日本の敗北しか予想できなかったが、けだし当然であった。

【2】クロパトキンの心を蝕んだ猛攻

ともあれ、奉天大会戦こそが陸上戦闘における日露戦争の天王山という認識は、日露双方とも持っていたから、日露ともできるかぎりの兵力と軍需資材をあつめた。

奉天会戦の前におこなわれた「沙河会戦」では、日本軍の兵力は十二万八百人、ロシア軍は二十二万千六百人であったものが、奉天会戦では、日本軍は二十四万九千八百人、ロシア軍は三十万九千六百人をあつめた。

さらに火砲は両軍とも重砲、速射砲、臼砲、山砲などをあつめたが、日本軍は九九二門、ロシア軍は一二一九門をあつめた。沙河会戦においては日本軍の火砲は四八八門、ロシア軍は七五〇門という数字から比較すると、両軍ともほぼ二倍に近い兵力と火力を奉天会戦のためにあつめたと言えよう。

それほど、奉天会戦は両国にとっては陸戦の天王山であった。また、大型重砲で発射される榴弾や榴霰弾《りゅうさんだん》を日本軍は内地から送ってきたものを貯めにためて三十五万発を、ロシア側は五十四万発を準備した。

火力弱体のなかで光った機関銃

火砲ではロシア軍に劣った日本軍ではあるが、一つだけロシア軍を圧倒したものがあった。それは「機関銃」である。当時は機関砲と呼ばれたが、日本側が奉天決戦にそなえて急遽そろえて各軍に支給したのは、旅順の戦闘で攻撃にむかった日本軍が、ほとんど機関銃でなぎ倒された教訓を生かしたのである。

余談ながら、日露戦争の当時では、機関銃はまだ列強諸国の軍隊に正式に採用されていな

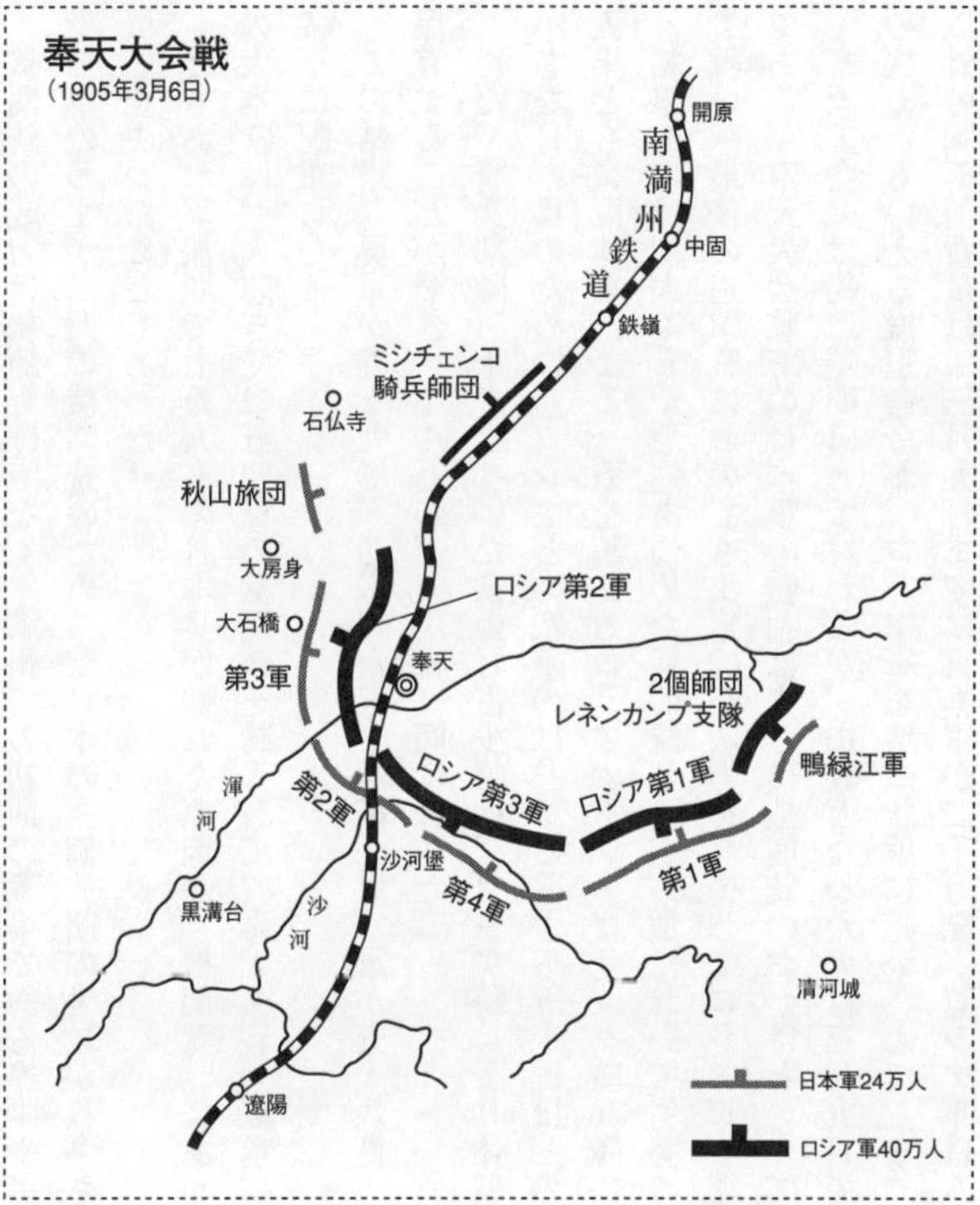

かったが、わずかにロシア軍だけが全体で五十六梃を保有していた。日露戦争での戦訓から一九〇七年になってフランス陸軍が、翌〇八年にドイツ軍が制式兵器として機関銃を採用したほどであるから、ロシア軍がすでに旅順で使用したことを考えると、ロシア軍の火器にたいする認識の深さがわかる。

機関銃の威力は旅順だけでなく、満州での初期の戦場である遼陽や黒溝台においても、ロシア軍のわずか二門の機関銃のために、日本の一個旅団の半数が殺傷されて壊滅し、旅団の機能を失ったこともあった。

ともあれ、旅順で七万人もの日本兵が斃れた原因が「機関銃」にあったと気がついた東京の大本営は、大急ぎで二五四梃の機関銃を購入して、奉天会戦の直前にかろうじて間に合い各軍に配布した。

この結果、奥軍が五十九梃、乃木軍が五十四梃、黒木軍が五十八梃、野津軍が三十九梃を保有することができ、なんとか奉天決戦に間に合った。

ただ、騎兵部隊三千をひきいた秋山好古少将は、ロシア騎兵より体型のおとる日本騎兵と小さな日本馬のために、ロシアとの戦争のはじまる前から五十梃ほどの機関銃を軍に要求し、人馬ともに巨体をほこる一万を超えるロシアのドン・コサック騎兵隊に対抗してきた。

結果的には、大本営が急遽あつめた機関銃こそが、数において劣勢の日本軍の窮地を何度も救い、最後の追撃戦においても決定的な威力を発揮してロシア軍を壊滅させてしまったのである。奉天大会戦での日本軍の勝利はまさに機関銃のおかげといっても過言ではなかった。

奉天大会戦は約二週間ほどで終わるが、山場《やまば》となったのは三月九日で、クロパトキン将軍の怯えともいえる撤退命令が、ロシア軍を壊滅状態に追いこんでしまった。だが、大口径砲以外の弾薬消費量は、三月九日までに日本軍が二千万発、ロシア軍は八千万発を費消していることを見ても、戦況は決して初めから日本軍に有利ではなかった。

秋山騎兵団とカモ軍に脅かされたロシア
なぜ、大軍かつ重装備のロシア軍に日本軍が勝てたのかといえば、それは体格の立派な巨人と、痩せた中学生がガップリ四つに組んでいる間に、別のやせた中学生たちが左右の手を巧みにつかって巨人の背中や後ろ足をつついたからである。

左の手とは、秋山好古の騎兵旅団で、ロシア軍の右はるか後方にまで進出して退路を脅かしつづけたことである。

本来、騎兵隊の役割はその機動性をいかして奇襲戦法で敵を混乱させたり、追撃戦で戦果の拡大をはかる機動兵力として期待されるものであるが、秋山好古少将は、日本騎兵は乗馬はしても騎兵ではなく、歩兵としての能力しかないと考えていたから、コサック騎兵のような乗馬術にたけた部隊との衝突をさけ、敵と遭遇した場合でも馬からおりて歩兵として戦闘させた。

むしろ秋山少将がねらったのは、騎兵旅団をロシア軍の後方ふかく侵入させ、鉄橋や鉄道、線路を破壊し、ロシア軍の糧秣倉庫を焼くなどして、クロパトキンの神経を逆なでしつづけることであった。

このためクロパトキンは、ロシア軍の虎の子ともいうべきミシチェンコ騎兵師団を、鉄道

秋山少将の命令により敵の背後を襲うべく出発する騎兵中隊

警備にあててしまい、奉天決戦に参加させることができなかった。

そして右の手とは、日本が兵力不足のために内地から急遽あつめた予備軍で、年齢的には戦闘には不向きの三十～四十歳になる老兵二個師団と一個旅団三万二千人の出現であった。

日本側はこれを川村大将にひきいさせ鴨緑江方面からロシア軍の左側面に向かわせたので、これを「鴨緑江軍」と呼んだが、老兵のために進軍も遅く装備もお粗末で、とてもロシアの正規軍と戦闘をまじえるなど、無理と思っていたため、自軍でさえ彼らのことを「カモ軍、カモ軍」と呼んで蔑視していた。

ところがロシアの総大将であるクロパトキン将軍にとっては、カモ軍の実態は不明であるから必要以上に誇大にとらえた。鴨緑江軍はわずか二個師団と一個旅団の、三万二千人ほどの老兵集団であったが、道のない山間部からの進撃であったために、ロシア側の諜者《ちょうしゃ》は、これを三～四倍の兵力として報告した。

驚いたクロパトキンは、レネンカンプ支隊のほか、シベリア第一師団と第七二師団、歩兵二個連隊などを戦略予備軍から急派したために、奉天決戦用に用意していたシベリア第一六軍団を、第一線から後方へ退かせてしまった。

逆にロシア軍の精鋭と対峙してしまった鴨緑江軍は深刻な状況におちいった。ただ鴨緑江軍とロシア軍とが衝突した地域は山岳地帯のために、かろうじて持ちこたえ二十日間の戦闘に耐えることができた。

兵力においても装備においても、日本軍を圧倒していたロシア軍にたいして、兵力も装備も三分の二しかなかった日本軍が、大きく翼をひろげてロシア軍をつつみこむ姿勢をみせると、ロシア側は左右の翼がさらに伸びて自軍の後方までつつむのではと、勝手に危惧《きぐ》して撤退をくり返してきた。

欧州近代戦の常識から外れた戦いぶり

むろんロシア軍に錯覚を起こさせたのは、すべてにおいて劣るはずの日本軍が、欧州諸国の近代化された軍隊同士の戦闘では非常識な軍事行動をもって、ロシア軍に襲いかかったためである。

たとえば、欧州軍隊の常識では決しておこなわない極寒の猛吹雪のなかを突撃してきたり、一日十二時間の激戦のつづいた戦闘行動のあと、日没後、こんどは昼間、激戦を戦いぬいた同じ師団が一万二千人で夜襲を何度も仕かけてきた。

このような無謀な戦いは、ヨーロッパの近代的軍隊では決しておこなわれない戦術であり、想像さえもできない日本軍の行動に、ヨーロッパ陸軍界では名声の高かったクロパトキン大将自身が恐怖心をいだいてしまったことである。

つまりクロパトキンの頭の中にある日本軍は、まだどれほどの予備軍を隠し持っているか、まったく予測のつかない敵という評価を下していたのである。

だが、クロパトキンだけが精神力において劣っていたと結論づけるのは誤りである。この時代の欧州軍事界も米国軍事界も、日本陸軍のような戦闘思想はなかったから、帝国陸軍と戦えばドイツ軍であれ、フランス軍であれ、あるいは米国軍であっても、必ず大敗を喫してしまったであろうことは、疑いない。

さらに昼間の主戦場においても兵力の劣る日本軍が、強大なロシア軍と太刀打ちできたのは、日本海軍の射撃術同様、重砲をはじめとする大口径砲の命中率がきわめて高かったからである。これは日本砲兵の計算能力がロシア兵よりもはるかに優れていたからであり、無駄弾丸《だま》を少なくし敵陣地の破壊効果を大いに上げたからといえよう。

ところが、逆に小銃による射撃術となると、日本兵よりもロシア兵の方がずっと優れていた。小銃は目端《めはし》のきくすばしこい人間にはあまり向いていないようである。むしろ鈍重といわれるくらいの性格を持つものの方が、射撃には適性があるといえるからである。

ともあれ奉天大会戦は、どのように考えてみても、ロシア軍は負けるはずはなかったが、総大将であるクロパトキン将軍の拙劣な作戦でロシアは大敗を喫したといえる。

三月七日の夜、「奉天の北方二十キロに日本軍六千が進出」という、事実は秋山支隊三千の出現を知らせる急報が、クロパトキンのもとにとどいたが、彼はこれによって鉄道線路を遮断されれば、退路を断たれるという恐怖感におそわれた。このため、せっかく鉄壁の布陣をしいていたロシア全軍に、奉天の南を流れる「渾河《こんが》」の線まで十キロほど後退することを命じた。

それまで鉄壁の布陣をしいたロシア軍のために、手も足も出ずに膠着《こうちゃく》状態におちいっていた奥軍と黒木軍は、三月八日の朝、戦場を整斉《せいせい》と退きはじめたロシア軍を見て、チャンスとばかり大追撃戦にうつった。日本軍の持つあらゆる大小の火砲が火を噴きはじめ、接近すると機関銃を発射し、離れると重砲で敵をなぎ倒した。

この戦闘におけるロシア軍の損害は死傷者が約九万人、捕虜は二万二千人にも達し、日本軍が獲得したロシア側の物資は、火砲四十八門、砲弾三万七千発、小銃三万四千梃、馬一四八九頭というものであった。

ロシア軍の三分の一が消滅してしまい、本隊はホウホウの態で奉天北方七十キロにある「鉄嶺」まで撤退していった。かくして陸における天王山は日本側の大勝利に終わり、世界中もこれを認めた。そしてクロパトキンは敗戦の責任をとって解任された。

奉天大会戦は、たしかに日本軍の勝利ではあったが、日本軍の損耗率もロシア軍とおなじく激しく、そのうえ内地から新たな兵力や物資の補充はもはや期待できず、三ヵ月もたってふたたびロシア軍と決戦をすれば敗北の憂き目にあっていたかも分からない。それほど、日本は国力を消耗しきっていたのも事実である。

【3】日露陸軍決戦：勝利の因子

それでは、奉天大会戦の前から数字のうえで圧倒的劣勢に立たされていた日本陸軍は、なぜ勝利を手にできたのであろうか。

日露指揮官の資質に大きな差

第一に、両軍の「最高指揮官の資質」にあった、という点が日本軍にとって最大の勝因といえよう。満州原野におけるロシア帝国陸軍の指揮官はアレクセイ・ニコライエヴィッチ・クロパトキン陸軍大将であったが、彼はロシア出征軍司令官に就任した時点から、極東を舞台にくりひろげる戦争で、とりうる戦術は退却作戦しかないと確信していた。

それゆえ、基本的には満州地方へ充分な増援部隊と補給物資の到着が完成する一九〇四年八月までは、一切の軍事行動を起こさずという腹を決めていた。ところが、ロシア帝国極東総督のエフゲネ・イワノヴィッチ・アレクセーエフ海軍大将は、満州への入口ともいえる鴨緑江の河口で日本軍の上陸を阻止するよう強く望んでいた。

だが、クロパトキンにしてみれば、戦略的撤退を認めようとしないアレクセーエフ総督には、いっさい相談せず、優勢な兵力を確保できる地点でなければ戦闘は一切しないと、考えていたのである。完全なコミュニケーションの不一致であった。

これに対して、日本軍の司令官たちは、敵を満州から完全に排除するまでは勝利なしと見て、しゃにむにロシア軍を追いつづけた。ロシア軍に得意の撤退戦術をおこなう余裕をあたえず、ロシア軍の尻を叩きつづけ、一方的に押しつづけた。

対ナポレオン戦争の夢を追ったクロパトキン将軍

第二に、「敵将軍の拙劣戦術」のおかげでもある。

奉天会戦には、日露両軍とも兵力、兵器・弾薬をためにため、数量においてロシア軍は日本軍を圧倒したが、撤退癖のあるクロパトキンは、秋山支隊が自軍より後方に進んだという情報だけで、包囲されると思い込み、せっかく強固につくり上げた堡塁《ほうるい》を遺棄して退却をし、一気に日本軍の圧力をうけてしまった。

撤退しながら敵に大損害をあたえる作戦を重要ポイントと考えていたクロパトキン将軍にとって、自軍よりもはるか後方に敵が出現することは、撤退が不可能になるばかりでなく、逆に後方から襲われる危険があるという考えにおちいったため、秋山軍の後方進出は、恐怖以外の何物でもなかった。

クロパトキンは対ナポレオン戦争を充分すぎるほど意識していたのである。ナポレオンのロシア遠征軍にたいして、奥地へ撤退するロシア軍は撤退するたびにフランス軍に損害をあたえたため、退却するロシア軍には注意せよとする戦訓が欧州陸軍の間では常識となっていた。クロパトキンはこの撤退作戦によって日本軍を全滅するつもりであった。しかし、日本軍の猛烈な進撃速度と欧州軍事界の常識をやぶる戦いぶりは、クロパトキンに余裕ある撤退作戦を実施する状況をつくらせなかった。

砲撃戦にすぐれた日本兵

第三に、「日本兵の計算能力の高さ」にあった。

火力では質量ともに劣勢な日本軍ではあったが、砲兵の質に関しては日本軍が圧倒的にすぐれていた。さらに歩兵にしても訓練がゆきとどいていたうえに、全員が読み書き算盤《そろばん》を習得していたから、指揮官の命令も迅速かつ確実に伝えられたし、敵状偵察や報告においても指揮官に的確な判断をおこなわせる正確なものであった。

危機意識の強かった日本軍

第四に、日本側将兵の「国家的危機意識の高さ」である。日本軍の指揮官も兵も、この戦いに敗れるようなことがあれば、部隊のみならず日本国そのものが滅亡するという悲壮な危機感をいだいており、自らを犠牲にしても敵に勝利をあたえまいと決心していた。

この決心こそが、ヨーロッパの近代陸軍ではとうてい採用されない戦法をごく当たり前のように遂行して、ロシア軍の心胆を寒からしめたのである。

それは早朝から日暮れまで一日じゅう戦闘をおこなった師団が、夜間には師団ぐるみの夜襲を敢行したことで、おなじ師団が昼の激戦のあと、さらに夜も夜襲をおこなうなど欧州の兵学にはないから、クロパトキンの思考では、敵はかならず新手の部隊をそそぎこんだに違いなく、まごまごすると包囲されるという恐怖感にとりつかれて撤退したのも無理はなかった。

しかもロシア兵はロシア皇帝一人のために戦争をしているという認識であり、国家的危機意識が欠如していたから、我が身を犠牲にしてもという気持ちはなかった。

機関銃が日本軍の危機を救う

第五に、日本側の用意した「機関銃のおかげ」である。

旅順要塞の攻撃でロシア軍の機関銃に乃木軍数万の兵が倒された教訓から、日本軍は各軍ごとに五十梃ずつの機関銃をそろえたことであった。奉天の戦場から撤退するロシア軍を壊滅させたのは、この機関銃による斉射にあったのである。

ずば抜けた日本側将軍の指揮統率能力

第六に、日本の軍団や師団を指揮した将軍たちのずば抜けた「指揮統率能力」である。

いくつかの戦場では、火器《かき》の優勢をほこるロシア軍が攻勢をかけたために、兵士たちが浮き足だって崩れはじめても、サムライあがりの日本の指揮官だけは断固として撤退せず、孤塁を守りぬく姿勢を見せたことで兵たちは踏みとどまり、ロシア側の圧力をかろうじて食い止めることができたということが何度もあった。

第六章　日本海海戦〔一九〇五年五月二十七日／日露戦争〕

――日本艦隊がロシア海軍を全滅させた新戦法とは

【1】日本海軍を知らなかった皇帝

日露戦争の陸上戦闘における山場《やまば》は、「奉天大会戦」であった。

この戦いでロシア陸軍は明らかに敗北を喫したが、それでもロシア皇帝ニコライ二世は、まだ欧州ロシア地域には百五十万の陸軍があり、これを極東にさしむければ、勝算は十分あると考えていた。

むしろ戦いはこれからである、という気持ちが強かったから、旅順要塞が陥落しロシア陸軍が満州平野で大敗北を喫した段階で、米国のローズベルト大統領がロシアの駐米大使カシニーを呼んで、ロシア皇帝に講和に応じるよう何回か勧告をしたが、皇帝自身はこれをうける気持ちはなかった。

バルチック艦隊の威容で日本を震え上がらせようとしたむしろ皇帝は、もうじき日本に到着して日本海軍に決戦をいどむロシア帝国海軍の実力を信じて疑わなかった。

バルチック海から艦隊をひきいていったロジェストウエンスキー提督は、皇帝お気に入りの人物であったし、欧州海軍では名将という評価も一部にあったからである。恐らくヨーロッパでも一、二を争うほどの最新鋭の戦艦をふくむ四十隻もの大艦隊が、はるばる地球を半周して極東に姿をあらわせば、黄色いマカーキ（猿）たちは、驚いて腰をぬかすか逃げまどうことになる、と信じて疑わなかった。

こうした夢を見ていたニコライ皇帝は、奉天大会戦での仇をうつ意味でも、日本との講和の前にまず日本海軍を粉砕し、さらに日本陸軍を満州の地から葬り去ってから、日本が降伏をこい願ってくれば許してやっても良い、という意識も持っていた。

それゆえ、ローズベルトが何度、仲介に立とうとしても、これを素直に受け入れることはなかった。

一方、バルチック艦隊をひきいてきたロジェストウエンスキー中将は、ニコライ皇帝とは異なり、バルチック海を出港して以来、ロシア帝国という専制政治体制の腐敗したもろい体質というものを、欧州からアフリカまでの航海を通して痛感してきたために、インド洋を抜け出すころには、もはや日本海軍との決戦に闘志をもやす気持ちは失っていた。

というのは、バルチック海の軍港リバウを出港してすぐに英国漁船への誤射事件をひき起こしたために、英国海軍から何度もいやがらせを受けながらの航海をつづけていた。さらにアフリカの沿岸諸港では同盟国であるはずのフランスからも、港での石炭の積み込みを拒否されたり、小国のポルトガル官憲からも入港を断わられるなど、ロシア帝国の威信などまったく相手にされなかったことで、大きなショックと不安をいだいていたからである。

ようやくマダガスカル島までくると、今度はヨーロッパ・ロシアから第二艦隊の後発隊を送るからそれまでノシベという僻村《へきそん》で待機せよといわれ、航海の士気も戦闘の士気もだらけきっていたから、東郷艦隊との決戦はできるだけ避けて、一刻も早くウラジオストク軍港へ逃げ込むことしか頭になかった。

むろん、その途中で日本海軍と遭遇すれば、これを粉砕していくつもりではあったが、できうれば東郷艦隊とは遭いたくない気分におちいっていた。


艦隊の目的と決断に迷ったロジェストウエンスキー提督

バルチック艦隊が極東への窓口ともいうべきシンガポール沖合いを通過したのは、一九〇五年（明治三十八）四月八日であった。艦隊はロシアの同盟国であるフランス領サイゴンか、

東郷平八郎司令長官の指揮下に出動訓練中のわが主力艦隊

カムラン湾に停泊して、後からくる第三艦隊を待とうとしたが、フランス外務省はサイゴン港もカムラン湾への入港も拒絶した。

やむを得ず、カムラン湾の北方五十海里にあるヴァンフォン湾に無断でもぐりこんだ。ここで待つこと一ヵ月、五月七日になって、ようやくネボガトフ少将ひきいる第三艦隊がヴァンフォン湾に到着した。

この合流したバルチック艦隊がヴァンフォン湾を出港したのは、一九〇五年五月十四日であるが、六〜八ノットという遅い速度でゆっくりと北上を開始した。

ただ、ウラジオストクに向かう場合、まっすぐ対《つし》馬《ま》海峡を通過するのか、それとも日本列島を大きく迂回して津軽海峡または宗谷海峡に向かうか、この時点ではロジェストウエンスキーは決めかねていた。

だが、ようやく彼が対馬を横切る直線コースをハッキリと決断したのは、五月二十五日午後五時三十分である。

旗艦「スワロフ」のマストに〝対馬〟へ向かうむねの旗をかかげ、二十六日早朝からはそれまでの五ノットから十二ノットへと速度を上げるべし、とも命令した。対馬海峡を一気に突破してウラジオストクに逃げこむ決心をしたのである。

一方、ロシア艦隊の動静を監視していた日本側は、シンガポール、上海、香港などで領事館が情報をあつめ、また民間汽船会社の船もバルチック艦隊の艦影を見れば、ただちに報告をおこなう協力を惜しまなかった。

その結果、東郷艦隊の幕僚たちは、ロシア艦隊は対馬海峡に向かってまっすぐ北上してくるという結論に達した。

事実、ロジェストウエンスキー艦隊は宮古島《みやこじま》を通過しつつあった。

こうしてついに一九〇五年五月二十七日、午後一時三十分、日露両艦隊は双方ともに相手の艦影と煙を視認する位置に到達した。

朝鮮南岸の鎮海湾《ちんかい》から出撃した戦艦「三笠《みかさ》」以下の日本艦隊十二隻は、単縦陣を組んで十五ノットで南下し、ロシア艦隊は三列縦隊のようなかたちで十二ノットで北に向かって波を蹴っていた。

旗艦「三笠」にZ旗があがったのは午後一時五十五分。日本艦隊は第一戦隊が「三笠」以下、「敷島《しきしま》」「富士《ふじ》」「朝日《あさひ》」「春日《かすが》」「日進《にっしん》」の戦艦部隊六隻、すぐ後続する第二戦隊は「出雲《いずも》」を旗艦として「吾妻《あづま》」「常磐《ときわ》」「八雲《やくも》」「浅間《あさま》」「磐手《いわて》」の装甲巡洋艦六隻で、合計十二隻が主力決戦に投入される艦艇であった。

第一戦隊は戦艦からなる六隻の艦隊であり、排水量は一万五千トン、第二戦隊は装甲巡洋艦で排水量は九千トンの編成であったが、戦艦群のなかの「春日」と「日進」の二隻だけは、前年、機雷のために沈んだ二隻の戦艦（初瀬、八島）の代わりとして編入されていた。

当時の戦艦というものはすべて一万二千トン～一万五千トンであり、主砲も十二インチをそなえていたが、「日進」「春日」はともに七千七百トン、主砲は十インチで、戦闘力も防御力も戦艦にくらべて格段に低かった。

この二艦は、いずれもアルゼンチン海軍がイタリアの造船所に発注して建造したものを、英国海軍が仲介して急遽、日本側がイタリアから購入したものである。

【2】東郷艦隊の新戦法

この二隻の装甲巡洋艦がなにゆえ、戦艦の身代わりとなったかといえば、主砲である十インチ砲の仰角が大きく、一万五千メートルという長大な射程をもっていたことと、副砲である八インチ砲を片舷に六門ずつもっていたため、戦艦の代用がつとまると判断されたからである。

余談ながら、日本海海戦の旗艦「三笠」は現在、横須賀にある米海軍基地の裏側にある海ぞいの三笠公園に固定係留されているが、日本へ赴任してくるアルゼンチン大使はかならず横須賀までおもむいて「三笠」を表敬訪問し、東郷元帥と「三笠」の偉業をたたえている。

ロシア艦隊を通せんぼしたT字戦法

ともあれ、両軍の距離はグングンとせばまって、すでに八千五百メートルを割ろうとしていた。当時の軍艦同士の戦闘では八千メートル以内にならなければ、たとえ砲弾が命中しても効果はないとされていた。それでも「三笠」艦橋に立つ東郷平八郎は沈黙をつづけた。

そして彼我《ひが》の距離が八千メートルになったとき、東郷の右手がサッと上がり「取り舵一杯（左舵）」を指示した。時に午後二時二分であった。これが世にいうT字戦法、あるいはα（アルファ）運動ともいわれるもので、要するに直進してくるロシア艦隊を通せんぼするかたちで、上空から見ればあたかもTの字の形となった。

「三笠」は一四五度くらい左へ向けて回頭（ターン）をしたが、この運動を終えるには一艦で二分以上はかかるうえに、急速運動中だから敵への射撃は不可能となる。後続の艦隊もつぎつぎと同じ地点にくると、艦体をきしませて急カーブをきったが、巡洋艦群で構成する第二戦隊までが回頭を終えるまでに約十五分がかかっている。

逆に見ればロシア艦隊にとって、日本艦隊が回頭をおこなっていた十五分間こそ、まさに勝利の女神が微笑んだ時間でもあった。

日本海海戦 東郷ターン(T字戦法)(1905年5月27日午後2時8分)

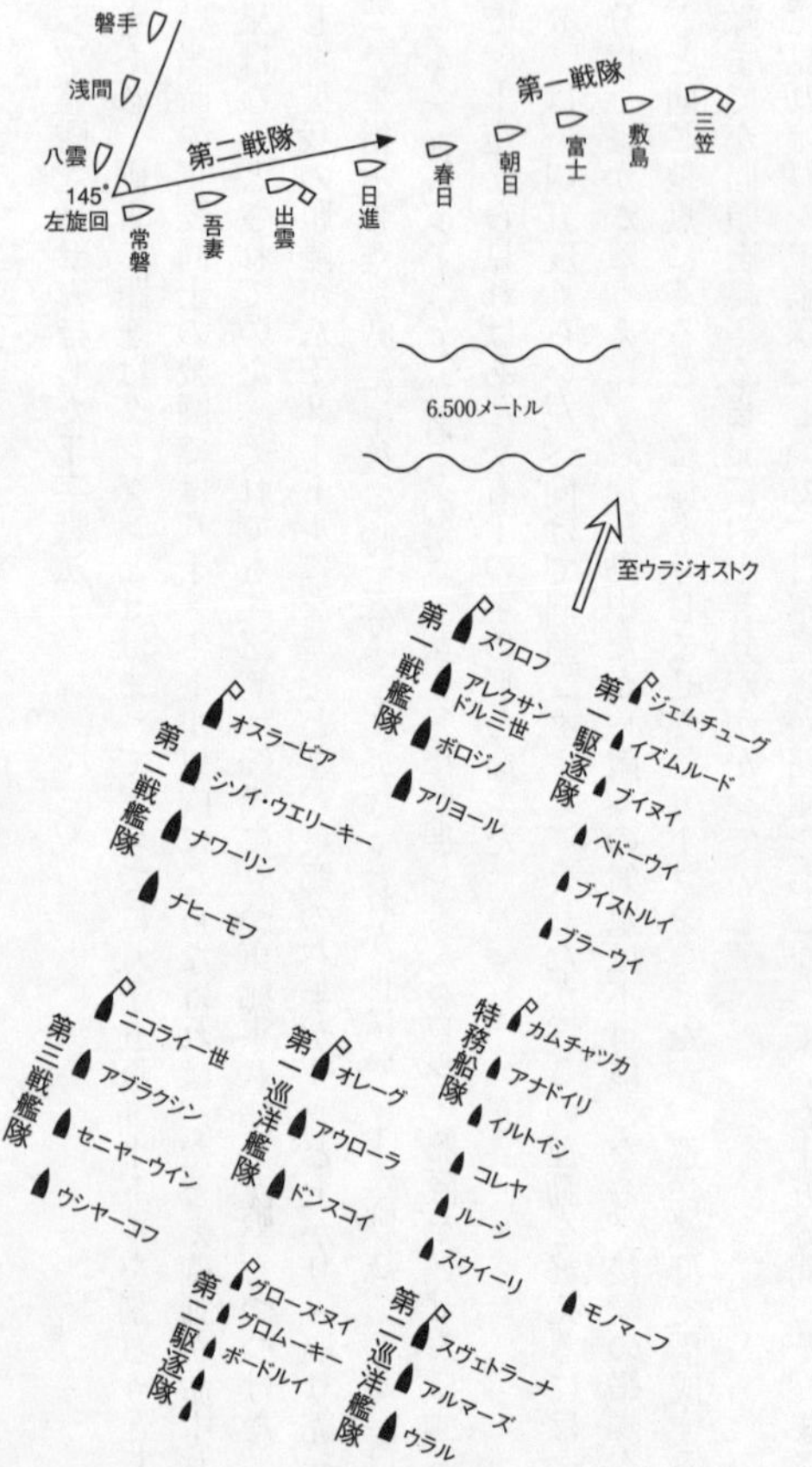

事実、この十五分間は東郷艦隊はロシア側から一方的に撃たれつづけた。たしかに日本側の軍艦はドラム缶をたたかれるようにロシア砲弾をあび、第二戦隊の「浅間」は舵を撃たれて早くも戦列から脱落してしまった。

ただ、「浅間」以外の日本艦隊も若干の損傷はうけたが、離脱するほどのものではなかった。理由は、ロシア側の射撃術がつたなかったのと、当日の波浪状態はきわめて高く軍艦の上下動が激しく照準を合わせにくかったこと、さらに日本艦隊の突然とったT字戦法にロシア側はあわててしまい、せっかくの十五分間を効果ある射撃につかえなかったといえる。

旗艦「三笠」が回頭をおえて新針路につき、さらに後続する第一戦隊の戦艦群が回頭を終えたとき、東郷平八郎が最初の射撃命令を下したのは午後二時十分である。この戦艦「三笠」艦橋から射撃命令を下した東郷の射撃指揮方法は、世界では初めてといわれる射距離を艦橋において統一する方法を採用していた。

これは艦橋ではかった射撃距離を砲術長がメガホンで各砲台に伝達し、指示盤をもちいたり通信機をもちいたり、あるいはあらかじめ決めたラッパの音で数字をきめて正確を期していた。

しかも、参謀・秋山真之中佐の進言による「わが全力をあげて、敵の分力を撃つ」にしたがって、「三笠」のすべての砲身は敵の旗艦である「スワロフ」のみを照準していた。

一艦のみに集中した一二七門の片舷一斉射撃

当時の艦隊同士の海戦は、各艦が個々バラバラに勝手に相手をきめて、大砲を撃つのが常識であったが、東郷艦隊は片舷にあるすべての砲を同時に動かして、敵の一艦のみに照準をすると同時に砲術長の命令一下、同時に砲弾を発射するという「片舷一斉射撃法」を開発したのである。

かくして「三笠」の右舷の主砲と副砲、その他の備砲がいっせいに砲弾を敵旗艦の「スワロフ」に向けて発射された。

しかも、「三笠」につづいて回頭をおえた第一戦隊最後の「日進」につづいて、第二戦隊のしんがり艦である「磐手」も回頭をおえるやいなや、十二隻すべての片舷砲の砲門をひらいて一斉に射撃をおこなった。

つまり、第一戦隊と第二戦隊のすべての片舷砲を合わせると一二七門となるが、そのすべてが敵旗艦の「スワロフ」をめがけて一斉射撃をおこなったのである。

さすが最新鋭の一万二千トンをほこる「スワロフ」といえども、一二七門の集中砲火にはかなうはずもなく、日本艦隊の発射した「下瀬火薬」をつめた砲弾によって、たちまち全艦火災に見舞われ、戦闘力を失った。

「スワロフ」が戦闘能力を失ってよろけると、すかさず後続の「アレクサンドル三世」が旗艦となったが、たちまち日本艦隊から集中砲火をあびて脱落した。この間、日本艦隊はロシアの第二戦艦隊である旗艦「オスラービア」に照準をうつし、はやばやと戦列を離脱させ、攻撃の手はつぎの「シソイ・ウエリーキー」にうつった。

日露海軍の決戦は二日間にわたって行なわれたが、勝敗は砲撃を開始してから三十分で決したと言えよう。このあとは、必死に逃げまどうロシア艦を追撃する日本艦隊の独壇場となってしまった。

「三笠」が初弾を送りはじめてから、戦いは日本側の一方的な攻勢におわり、二日後に戦闘がおわってからの損害調査では、日本側はわずか水雷艇三隻の損害であったのに対し、ロシア側はほとんどが沈没もしくは大破され、ふたたび戦闘に参加することは不可能なまでに損傷をうけた。

さらに日本側の目をたくみに逃れて、ベトナム方面に逃れたロシアの巡洋艦なども、中立国の港に入った時点で武装解除された。

唯一、ネボガトフ少将ひきいる「ニコライ一世」以下の第三戦艦隊だけは、ほとんど無傷で二日目の朝に鬱陵島《うつりょうとう》付近まで逃げてきたが、まもなく東郷直率の第一戦隊と第二戦隊に包囲され、拿捕《だほ》されてしまった。

つまり、ロシアのバルチック艦隊は壊滅してしまったのである。しかも戦闘で傷ついたロジェストウエンスキー中将の座乗した駆逐艦「ベドウイ」の捕獲というおまけまでつけて。

日本側のきわだった戦法にたいし、ロシア側は戦法も陣形も射撃法もバラバラであり、その目標も明確ではなかったことが、大敗北につながってしまった。その敗因の最大のものは、日本艦隊との決戦を目的とするのか、ウラジオへ遁走《とんそう》することを目的とするのかを、指揮官が迷いつづけた点にあった。

遁走を目的とするなら、艦隊を二〜三隊に分割もでき、太平洋方面にも分けられたし、決戦をおこなおうとするならば、単縦陣でなければ戦闘能力を発揮できない。事実、日本艦隊と砲戦をまじえることができたのは、わずか五〜六隻だけであった。

三列縦陣で進んでいる場合、後続艦にとっては味方艦が邪魔して前方は見えないから、敵艦に砲弾を送ることもできないからである。つまりロジェストウエンスキーは、戦術も戦略も放棄するかたちで最後まであいまいな方針で、戦場に臨んでしまったといえる。

【3】連合艦隊：勝利の因子

以上、日本海海戦をふり返ってみると、日本海軍に勝利をもたらした原動力として、つぎの諸点があげられる。

日本軍指揮官に創指決パワー

第一に、東郷のみならず日本側指揮官すべてに「創造力、指導力、決断力」があげられよう。戦場において最も要求される指揮官の創造力、指導力そして決断力（創指決＝ソウシケツ・パワー）が、ロシア司令官よりも日本の司令官が圧倒的に多く保持していたことが勝因である。

東郷長官のT字戦法は創造力の賜物であり、海戦の最中に一時期ロシア主力艦隊を見失った東郷直率の第一戦隊にかわって、上村提督ひきいる第二戦隊はロシア主力の進路をはばんで、攻撃しつづけてきた決断力と指導力のおかげである。

海戦史上、初の片舷一斉射撃法

第二に、「片舷一斉射撃法と一艦への集中射撃」があげられる。

東郷艦隊が世界ではじめて採用した片舷一斉射撃法と、全艦隊による敵旗艦への集中砲火は、創造力の賜物といえた。

片舷にあるすべての砲を敵艦にむけて一斉に発射する方法は、ほぼ同時期に英国海軍も開発していたが、実際の戦闘において使用したのは日本艦隊が初めてで、その効果が各国の観戦武官からも驚きをもって認められ、これ以降、世界の海軍は片舷一斉射撃法を採用するようになった。

単純明快を心がけた東郷艦隊

第三に、「単純明快な目標に徹した」ことである。

東郷艦隊の目標は、一隻のロシア艦隊もウラジオストク港に逃げ込ませず全滅させるという単純明快なものであったのに対し、ロシアの司令官ロジェストウエンスキー提督は、東郷艦隊との決戦よりもウラジオストクへの逃亡を優先していたために、勝つための艦隊運動に徹しきれなかった。

天候までが日本軍に味方

第四に、当日は「波浪が高く」貫通力の弱い日本軍艦の砲弾でも効果を上げることができたこと。

東郷艦隊の使用した下瀬火薬をつめた十二インチ砲弾は、可燃性の強いかわり装甲を貫く力は弱かった。それゆえ、平穏な海象状況なら敵艦隊の装甲を突き破ることはできなかったが、幸いなことに波浪が高かったため、ロシア戦艦群は装甲の薄い船腹を海面上にさらけ出し、十二インチ砲弾の餌食となって沈没してしまった。

まさに天佑《てんゆう》が味方したのである。

数学に強かった日本軍指揮官

第五に、「理数系に強い士官」をそろえていたこと。

日清戦争での艦隊決戦でえた教訓として、海軍では艦砲の射撃能力をアップさせるため、兵学校教育において計算能力の一層の充実をはかり、理工学系統の学問をふやすなどの措置と訓練を厳しくおこなってきた。

この伝統はその後の陸軍や海軍教育にもうけつがれ、戦後の防衛大学校が開校したときも、理科系大学として発足していることからもうなずけよう。

海軍では兵学校を開校して十年後に、舞鶴に「海軍機関学校」を開設し機関科をもうけたが、技術を知る戦略・戦術家の養成をおこなっている。日露戦争のあと、陸軍が精神教育に重点を移していったのにたいし、海軍は技術教育に一層熱心となっていった。

余談ながら、第二次大戦後、軍も学校も廃止されたが、機関学校で育った人びとは戦後の日本社会復興のために、各界で活躍している。

ともあれ、二十世紀に入ると潜水艦や航空機が出現するが、これらの技術はもっぱら海軍が主体となって開発してきたのも、この伝統によっている。ゼロ戦や酸素魚雷などが、その成果として結実しているのも技術の海軍としての面目躍如たるものがある。

第四部　大東亜戦争

第七章　満州事変〔一九三一年九月十八日〕
――一万四千の関東軍が二十六万の張学良軍に勝てた理由

【1】満州事変はなぜ起きたのか

満州事変は一九三一年（昭和六）九月十八日に、満州（現・東北）地方を走る南満州鉄道の柳条湖（溝）付近を、板垣征四郎《せいしろう》参謀・石原莞爾《かんじ》参謀らが計画した作戦によって線路を爆破したことから勃発した。場所は、奉天駅の北、約八キロの柳条湖と呼ばれる付近であり、爆破は午後十時二十分ごろ行なわれたが、その直後「奉天行」列車が通過できたほど小規模なものであった。

質量ともに関東軍を圧倒していた張学良軍

1931年9月18日、満鉄の線路が爆破された柳条湖の事件現場

爆破後の調査によれば、下り線路側が約七十センチ、上り線路側が約十センチ爆破された痕跡があり、枕木《まくらぎ》の破損も二本で破壊箇所は両側合わせて一メートルにも達しなかった。

当時、奉天には関東軍の部隊と夜間演習に参加していた部隊を合わせて三六四〇名がおり、この人数が奉天の内城や北大営《ほくだいえい》に駐屯していた張学良軍と戦闘をまじえることになった。

北大営には、王以哲《おういてつ》が指揮する独立第七旅団六千八百名が駐屯していた。一九三〇年代の中国には、蒋介石の中華民国軍、共産軍、軍閥軍などが割拠《かっきょ》していたが、張学良のもつ奉天軍閥《ぐんばつ》二十六万五千は、軍閥の中ではもっともよく訓練され、関東軍よりも優秀な武器をもち給料もよかった。さらに張学良が保有していた奉天の兵器廠は、東アジアでもっとも大規模かつ近代的であった。北大営という駐屯地の中には十万の軍隊が六ヵ月間戦闘できるだけの弾薬と装備があった。

満州事変の前と後に奉天をおとずれている米国人エドガー・スノーによれば、張学良軍は奉天に米国などから購入した軍用機六十機を保有していたが、その性能は日本軍機よりもすぐれていたと証言している。

また、予備の戦車、最新の野砲、曲射砲、迫撃砲、毒ガスとガスマスク、四千梃の機関銃、一万梃以上の新しい銃があった。

張作霖《ちょうさくりん》と張学良《ちょうがくりょう》は、満州軍閥政権の年間予算の八十パーセント以上を軍事費にかけて、近代的装備をそなえ、飛行機まで保有する大軍であったのである。そして満州の部族長たちは、その膨大な個人財産を使わなくても十分に抗戦をつづけられるだけの資金をもっていた、という。

なぜ、これほどの戦力を保持していた優秀な張学良部隊が、わずか三千六百の旅団規模の関東軍に、たちまちのうちに粉砕されてしまったのであろうか。

事件当夜、関東軍は命令一下、行動を開始したが、南満州鉄道に近い場所に張学良軍のこもる北大営の駐屯地があり、そこでは張学良軍七千人が眠りについていた。一九三一年九月十八日午後十時二十分ごろ、駐屯地からわずか一キロ南の線路上で爆発事件が発生したにも関わらず、中国兵の多くは攻撃がはじまるまで眠っていた。

あわてて目をさましたときには、砲火は兵営と数多くある兵器廠のうちの小さなものにそそがれ、間もなくそれは爆発と火炎につつまれ、張学良軍のなかには焼け死んだ者もある。驚いた兵士たちは戦うことなく、先をあらそって駐屯地を脱出した。それゆえ東アジア最大といわれ、張一家が銀貨にして二千万ポンド以上を注ぎ込んだといわれる「奉天兵器廠」は、ほとんど無傷のまま日本軍に占領され、皮肉なことに日本軍に武器弾薬を供給することになった。

しかも、関東軍は、朝鮮から二個師団約三万の増援を依頼したが、二十六万の張学良軍や、満州を支配していたその他の軍閥、たとえば呉俊陞《ごしゅんしょう》、万福麟《まんぷくりん》、張作相《ちょうさくしょう》、湯玉麟《とうぎょくりん》などを合計すると五十万近い軍隊がいたが、朝鮮から駆けつけた二個師団三万をくわえ、わずか五万の関東軍によって三ヵ月で、満州全土を占領されてしまった。

四十万以上の軍閥軍が三ヵ月で追い出された

なにゆえ、かくも簡単に張学良軍は壊滅したのであろうか。おそらく多くの要因が考えられるが、エドガー・スノーによれば、その大部分は張学良の責任に帰することができるとしている。つまり、彼自身の恐怖感、優柔不断、経験不足、南京政府への依存心などである。だが、こうした理由以上にもっとも重要なことは、満州軍閥軍が満州に居住していた民衆三千万人の支持を得られなかったことである。むしろ、満州の住民は居留日本人のみならず、満州人をはじめ漢人、蒙古人、朝鮮人、ロシア人などが、関東軍の進攻を歓迎したのである。

関東軍はその後も、張学良軍がたてこもる錦州《きんしゅう》城を攻略し、事変発生から三ヵ月で張学良軍を満州から駆逐《くちく》してしまった。ちなみに、関東軍の満州での駐兵根拠は一九〇五年のポーツマス条約にまでさかのぼるが、条約で獲得した南満州鉄道をまもるために、一キロ当たり十五名を超えない範囲で守備兵をおく権利が明記されている。関東軍の前身はこの規模でスタートしたのである。

ではなにゆえ、満州住民は関東軍を歓迎したのであろうか。台湾出身の作家・黄文雄氏は、その著書「満州国の遺産」のなかで、満州事変を関東軍の陰謀として片づけるのは、中国共産党の捏造《ねつぞう》で歴史を歪曲《わいきょく》していると批判している。

「日露戦争以来、満州地方に権益を持ってやって来た日本人居留民や、鉄道を守備するために配備された関東軍は、それまでのロシア軍や張軍閥軍とは異なり、軍律正しく略奪行為は一切なかった。むしろ満州住民は軍閥支配に苦しんでいたため、軍閥を追い払って進出した関東軍を『解放軍』として大歓迎したのである」と説明している。

関東軍が満州事変を起こした理由を知るには、満州の歴史からとかねばならないが、紙数に制限があるので、ここでは簡単に述べておきたい。

まず、満州はツングース民族である「女真族《じょしんぞく》」が清朝《しんちょう》を建て、三百年間にわたって聖地として他民族の流入を禁止してきた土地であった。

これを「満州封禁令《ふうきんれい》」と呼び、一八五〇年まで四回にわたって布告されたが、隣接する華北地方では、しばしば飢饉《ききん》や自然災害に見舞われて故郷をすてたものや、犯罪をおかして本土で逃げ場を失ったもの、あるいは食い詰めたものたちが流民となって、万里の長城を越え

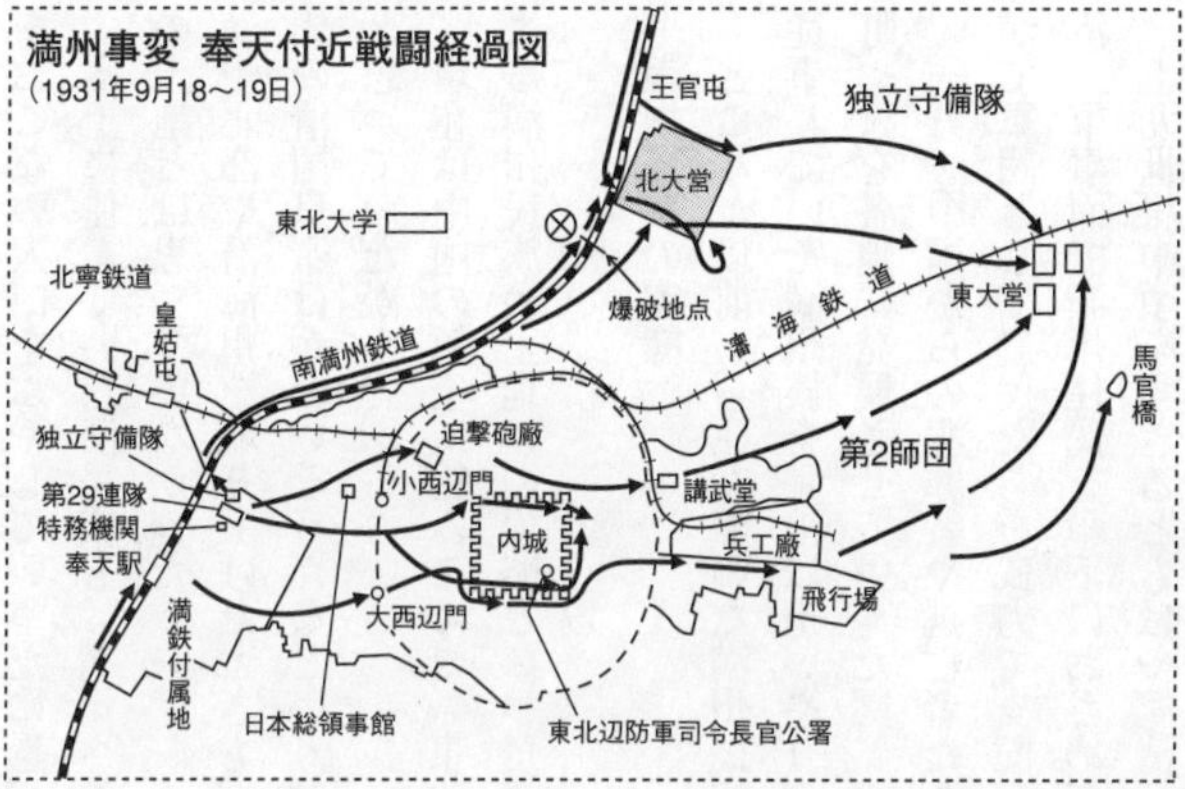

満州事変　奉天付近戦闘経過図
（1931年9月18～19日）

「封禁の地」へ侵入して定着していった。

もっとも封禁令をやぶって満州に入り込んだのは、漢民族ばかりでなく、蒙古族は遊牧を、朝鮮族は農業を目的に移住していた。現在の中国延辺《えんぺん》朝鮮族自治区は、清朝時代は間島《かんとう》といわれたが、ここに朝鮮民族が多数入りこんでいた。一九四〇年の段階では満州地方には、朝鮮人は四十万人に達していた。

余談ながら、万里の長城よりも南に住んでいた漢民族は、四千年間にもわたって長城以北の地を「化《か》外《がい》の地」として恐れ、蔑んできたのである。「化外」とは中華文明の外という意味で、物産はとぼしく野蛮人ばかりが住み文化程度は低いという意味である。

その化外の地に入るものは、本土を食い詰めたものや犯罪者として本土にいられなくなったものなどが、豊かな土地である満州に逃げこみ、遊牧・狩猟に従事していた満州民族を僻地《へきち》に追いやって、農耕をおこない人口をふやしていったに過ぎない。

本土に住んでいた漢民族も、満州へ逃亡してきた漢民族も、満州の土地をもともと漢民族の土地とは思っていなかったから、一八五八年と一八六〇年にロシア帝国が清帝国を脅して満州北部や沿海州を取り上げたときも、誰ひとり反対をとなえた漢族はいなかったし、満州族の清国皇帝はかわいそうだなという認識しか持たなかった。野蛮人である満州民族の土地と思っていたからである。

現在は中国の領土に組みこんで「東北地方」などと呼んでいるが、これは明らかに漢族による満州民族の土地への侵略といってよい。

満州軍閥の実態

ところが以前から住んでいた満州民族よりも数の多さで圧倒した漢人たちは、主に狩猟に従事していた満州族を僻地に追いやり、遊牧地を畑作のための耕地にかえて漢民族のための町や村を各地に発展させていった。

一方、中国からの犯罪者や逃亡者たちは、清朝の衰退とともに満州各地で匪賊《ひぞく》となり、やがて軍閥《ぐんばつ》として農民たちを武力で支配しつつ、みずからの支配地域を縄張りとして政治・経済・軍事面で満州住民を傘下におさめていった。

十九世紀中頃をすぎるともはや、清朝の統治はまったく満州には及ばなくなり、このため一九一二年に清朝が倒れると、満州を支配するものはなくなり、「無主《むしゅ》の地」となってしまった。漢族は最も多く居住してはいたが、もともとの住民である満州族のほかにも、蒙古人、ロシア人、朝鮮人、それに日本人などが満州で一旗あげるべく進出しはじめた。

ただ、匪賊の集団は武力を背景に勢力圏内を荒らしまわっていただけであるから、行政手腕などはなかったが、やがて張作霖をはじめ前述の馬賊の棟梁《とうりよう》たちが「軍閥」を形成し、五万から十万ほどの兵力をととのえていった。満州にはこれらの軍閥を合わせるとほぼ五十万近い兵力となっていたことは前述した通りである。

軍閥の長たちは、巨額な軍事費をあつめるために、苛斂誅求《かれんちゆうきゆう》な税金徴収だけでも不足し、麻薬栽培のほか女性の誘拐・売買、略奪、恐喝、通貨の乱発などをおこなって、満州住民を苦しめてきた背景があった。

ロシアの東支鉄道の記録によると、「鉄道敷設《ふせつ》以前の満州の人口は三百万人にみたなかったが、一九〇二年に鉄道を敷設してからはじきに一千万人に達した。ロシアは鉄道敷設のため、山東地方から年々数十万人の苦力《クーリー》をやとったが、鉄道の開通は北満州の肥沃《ひよく》の荒野を農耕地にかえていったため、華北地方から過剰農民や飢餓流民が洪水のように流入した。また鉄道工事が終わった後も漢人たちは華北にもどらずに、そのまま満州の地に居座り農業を知るものは農民に、そうでないものは匪賊に身を投じた結果、満州事変直前には三千万人の人口にふくれ上がっていた」という。

満州での軍閥中では、奉天に本拠をおく張作霖がもっとも巨大な勢力をほこったが、彼は一九二一年から一九三一年までの十年間のあいだに、第一次奉直《ほうちょく》戦争、第二次奉直戦争、郭《かく》松齢《しょうれい》反乱事件、安直《あんちょく》戦争、満州ソ連戦争、北支出兵と、五十万からの大軍を動かす大消耗戦争をつづけてきた。重要なことは清帝国の崩壊した一九一二年から満州事変勃発までに中国人民三千万人が死亡していることである。この間の争いに日本や欧米はほとんど介入していない事実を忘れてはなるまい。

そしてこの膨大な戦費はすべて三千万住民に負担させたのであるから、文字どおり、苛斂誅求の支配・管理とならざるを得なかった。

日本の満蒙特殊権益とは何か

さらに、張作霖の後をついだ張学良は、南京に本拠をもつ蔣介石軍の傘下に入ることによって、共産軍や蔣介石軍の北伐からの圧迫をのがれようと考えた。とりわけ南満州鉄道の沿線に特殊権益《けんえき》をもって経済的進出をしている日本にたいして強い警戒心をいだいていたため、日本がもつ権益を回収することを企画し、満州住民に反日・抗日宣伝をさかんに行なうとともに、日本をなめたり侮辱したりするような大言壮語をつかって、反日感情をそだてていた。

余談ながら、戦後の日本の歴史教科書では、あたかも日本軍が勝手に満州に武力侵略をして大陸侵攻の足場としたかのような記述があるが、とんでもない間違いである。

戦前、日本が主張していた「満蒙《まんもう》の特殊権益」というのは、二つの意味から成っていた。それは「特殊権利」と「特殊利益」を合わせた意味であるが、特殊権利とは、日本が条約によって正式に獲得した権利をさし、特殊利益とは特殊権利を行使した結果、得られる利益のことを指していた。

特殊権利にはいくつかがあるが、第一に、日清戦争・日露戦争の講和条約によって獲得したもので、関東州の租借権《そしやくけん》や行政権、鉄道の経営権や守備兵の駐屯権《ちゆうとんけん》などがある。

第二に、中国との交渉の結果（一九〇九年）獲得した権利で、安奉線の経営権、間島における朝鮮人の居住権と不動産保護権、鉱山経営合弁権などがある。

第三に、対華二十一ヵ条のうち、ワシントン会議で認められた権利で、関東州租借と満鉄・安奉線経営の期限延長、土地商租権、南満州における居住・営業権、鉱山採掘権、東部内蒙古における農工業の合弁経営権などがある。

第四に、西原借款《しやつかん》（一九一八年）前後に獲得したもので、満蒙五鉄道借款契約、鉄道工事請負契約などの権利があった。

これらの特殊権利を行使することによって、軍隊の駐屯、鉄道業、商業、鉱工業、製造業、倉庫業、サービス業などが進出し、家族をふくめて一九三〇年初頭には約二十三万人ほどの日本人が、満州地方に居住し利益をうけていた。

対華二十一ヵ条要求の原案は孫文が作成した

このうち、対華二十一ヵ条要求はワシントン会議（一九二一年）で十ヵ条に減らされたが、もともとの原案は孫文《そんぶん》が革命資金を得るために、日本に来てみずから満州地方の十ほどの利権を、当時の金にして二千万円ほどで日本に売却したもので、日本はこれを幸いとして新たに十一条を追加して袁世凱《えんせいがい》に突きつけたものである。

しかし、ワシントン会議では、日本が追加した条件が侵略的であるとして、十一ヵ条を削除させられたが、残りは認められ、中国政府も国際社会もこれを認めていた。それゆえ、決して初めから有無をいわさず武力で獲得した利権ではないのである。実際、日本から二千万円を得た孫文は、南京で第二革命を起こしている。

ところが馬賊あがりの張学良は、こうした事情がよく分からず、日本が勝手に軍隊を送りこんで満州の利権を奪いとるのではと危惧《きぐ》するようになった。張にしてみれば、父親の張作霖を日本軍に殺害されていたうえに、満州はもともと中国人のものという意識が強かったため、日本にとられた利権を回収しなければ軍閥にとって由々しき事態となると憂慮していた。

余談ながら、なぜ、関東軍は張学良の父親である張作霖を爆殺したのかといえば、清朝が崩壊したとき（一九一二年）、満蒙地方に独立運動が再三わきおこったが、日本としては満蒙地方に利権をもっていることから、満蒙を独立させた場合、日本の利権があやうくなると考えた。

むしろ馬賊出身の満州軍閥たちにお互いに争わせておいた方が利権は安全と見、最大軍閥の張作霖を支援することで、満州の治安を安定させておく狙いがあった。

ところが、日本の援助をうけた張作霖は満州のみならず、中国全土の支配を夢見だし華北地方に進出して、北洋軍閥や蒋介石の国民党とも争うようになったため、関東軍としては張作霖の存在がむしろ危険と感じはじめていた。

このため、北伐《ほくばつ》の完成を目指して北京に到達した蒋介石軍が張作霖を追い払うと、関東軍はチャンスとみて張作霖が奉天に帰る途上の列車ごと爆殺した（一九二八年六月）ものである。

しかし張作霖爆殺事件は、やがて関東軍の仕業という風評がひろがり、父親を殺害された張学良は反日行動をとるようになった。

【2】我慢の限界を超えた

そうした時期の一九三一年六月から七月に、「万宝山《まんぽうざん》事件」と「中村大尉事件」が発生したのである。

万宝山は長春郊外で、朝鮮族と漢族住民とのあいだで起こった農地をめぐる争いである。

満州へ移住をしてきた朝鮮人と中国人とのあいだには、一九二八年から三一年の三年間だけでも百件をこえる紛争があった。とくに日韓併合（一九一〇年）後は、日本は自国民となった朝鮮人を保護するために、出先機関の関東軍が満州軍閥政府の役人と衝突をしていた。

朝鮮農民は勤勉であるため、満州に流入していた中国人は朝鮮人を脅威としてとらえ、張作霖時代から在満朝鮮人への排斥と迫害は常軌を逸していた。朝鮮人の首をもってくれば靴二足と賞金四十元、捕らえてきたものには賞金二十元をあたえ、朝鮮人の子供をとらえると農作業ができないよう指を切りとる反朝鮮人政策を露骨におこなっていた。

日韓併合後は、朝鮮人も日本人と同国民と考えていた関東軍側は、軍閥による朝鮮人迫害にたいし、再三にわたって厳重な抗議をしてきた。

関東軍の怒りはおさまらなかった

万宝山事件とほぼ時をおなじくして、こんどは中村震太郎大尉事件が発生した。中村大尉は対ソ戦を想定した軍事地誌調査のため、陸軍参謀本部から満州西部地方へ軍事スパイとして潜入しているときに、興安屯墾第三団長代理・関玉衡《かんぎょくこう》につかまり殺害された。中華民国外交部長は、これは日本軍による捏造《ねつぞう》事件と発表したが、同年九月になって初めて事実関係をみとめ、関玉衡を逮捕のうえ軍法会議にかけて処罰した。

だが、関東軍の怒りはおさまらなかった。

しかも、張学良軍も相変わらず排日のみならず、侮日政策と宣伝をおこなっていたため、関東軍や日本軍をバカにしきっており、よもや関東軍が逆襲してくるなどとは夢にも思わなかった。

関東軍の石原中佐らがしらべてみると、張学良の兵士たちは、匪賊とおなじような性格をもっていたから、夜間、武器をもたせておくと反乱を起こしたり、営外へ出て民間住宅に押し入り強盗・強姦などの所業がくりかえされたため、張学良は兵器の悪用を警戒し、昼間の演習がすむと夜間は銃器類を一括して武器庫におさめてしまうことが分かった。

満州奥地の兵要地誌を調査中の中村大尉（左）と井杉予備曹長

関東軍幹部はこの情報をもとに、張学良軍の追い落としを綿密に計画したのである。すなわち、北大営への攻撃は夜間が最適であるとして柳条湖で鉄道爆破事件を起こし、しかも犯人を張学良軍閥の反日行動であると発表したうえで、三一年九月十八日の夜、関東軍の三十センチ砲を営門にむけて発射した。

この轟音に、張学良軍の精鋭たちはおどろき、武器庫に走ることなくそのまま逃散してしまった。彼らは張学良軍の第二の拠点である錦州へと逃れていった。

満州住民は軍閥から独立を望んでいた事実

張学良軍の精鋭が逃げたことによって満州での大勢は決定的となり、満州各地に割拠《かっきょ》していた軍閥は張の支配から解放され、あるいは独立を宣言し、あるいは関東軍の傘下に入って協力を誓うこととなった。

奉天の戦いに参加した日本軍は将校以下三六四〇名、損害は戦死二名、負傷二十五名であったのにたいし、張学良側は遺棄死体五二〇、また関東軍は張軍の飛行機六十機と戦車十二両を鹵獲《ろかく》した。

関東軍が張学良軍を満州から追いはらうと、奉天市では張作霖の法律顧問であった張欣伯《ちょうきんはく》が市長に推されたのをはじめ、奉天省の商民代表が袁金凱《えんきんがい》委員長のもとに自治委員会をつくり、中国本土と絶縁して民意にもとづく新政権の樹立をめざした。さらに遼寧省《りょうねい》の独立と時を同じくして吉林《きつりん》省も独立宣言をおこなった。

彼らの独立宣言書には、「わが東北民衆は、軍閥の暴政下にあること十数年、いまやこれらの悪勢力を一蹴すべき千載一遇の機会に到達した。本会は張学良と関係ある錦州政府ならびに軍閥の禍首《かしゅ》である蒋介石らの声明蠢動を否定することを決議した」と述べている。

一九三二年二月、奉天にあつまった各省代表七百人のほか、満蒙青年同盟、吉林省朝鮮人、東省特別区朝鮮人、各種団体、モンゴル人などが参加して満州建国を宣言し、中華民国との関係を離脱することも宣言している。

【3】関東軍：勝利の因子

さて、それでは以下に張学良軍が関東軍に敗れた理由をまとめてみよう。

張学良の自信過剰

第一に、「張学良は自信過剰」にあったことである。

理由は張学良軍は満州地方では、もっとも多い兵数（二十六万）と近代的装備を保持していたために、わずか一万四千四百人しかいない関東軍をなめきっていたことである。

しかも関東軍の駐留は、邦人保護と満鉄守備という目的に限定されていたこともあって、満州軍閥は関東軍は攻撃的性格などもっていないと考えていた。

軍閥による満州住民への苛酷な政治

第二に、軍閥は「苛斂誅求《かれんちゅうきゅう》の政治」をおこなっていたことである。

張学良をはじめ、満州地方を支配していた五つほどの軍閥は、清帝国崩壊いらい、各地で権力闘争をくりかえしてきたが、そのための軍費調達に過酷な税金徴収をおこなって住民から怨嗟《えんさ》の的となっていたことに気がつかなかった。

馬賊集団に規律なし

第三に、馬賊あがりの軍閥で「規律は乱れきっていた」ことである。

満州軍閥のみならず、清帝国全体にわたって共通していたことは、軍隊に入るものは将校であれ兵士であれ、儒教社会のなかでは古代の昔からいやしい階級としてさげすまれており、事実、兵士たちは略奪、暴行、殺人、窃盗、強姦などを、侵攻地や駐屯地周辺でおこなってきたから、モラル面で住民から見放されていた。

自らの宣伝で関東軍の弱さを信じた

第四に、「関東軍など弱いという宣伝を信じたのは張学良軍」であった。

満州軍閥にとって、蔣介石がすすめた「北伐《ほくばつ》」政策がいずれ我が身にふりかかることを恐れ、蔣介石の攻撃目標を目の上のタンコブとなっている関東軍にむけさせようと、蔣介石軍の傘下にはいり軍閥の延命策をはかった。そして蔣介石軍への協力姿勢をしめすために、満州住民には反日政策を宣伝し、張学良軍には関東軍は弱く張り子の虎であると虚勢を張った。ところが、この宣伝は満州住民を動かすことなく、皮肉なことに張学良軍閥の兵士間に侮日態度や軽視態度をうえつける逆効果をあたえていた。

少なくとも、兵数の貧弱な関東軍から攻撃を仕かけるなどの無謀はおこなうまいとする認識が、張学良や幹部、兵士などすべてに行きわたっていた。

国際情勢が読めなかった張学良

第五に、「張学良は日本の資源戦略を知らなかった」。

張学良や他の満州軍閥は、あくまでも満州地方だけで利権をにぎっていればよく、中国全土にまで支配を拡大するつもりは全くなかった。

また関東軍自身も、日露戦争によってえた南満州鉄道の利権をまもるための兵力という認識だけで、少なくとも一九二八年までは関東軍や日本軍は、満州全土の占領など考えていなかった。

ただし、張学良は日本が一九二一年のワシントン海軍軍縮条約や、一九三〇年一月のロンドン海軍軍縮条約で、軍艦の保有比率を対米英六割に押さえこまれたために、石原莞爾のような一部日本の陸軍将校が、資源獲得手段として北進論や大陸資源に目をむけていたことを見落としていたのである。

一枚も二枚も上手だった関東軍

第六に、関東軍司令部は「情報収集を徹底」して敵の弱点を見つけ出したことである。

張学良を満州から追いおとすために、関東軍参謀は張学良軍の動静を綿密にしらべあげ、駐屯地の夜間には兵器類を倉庫にいれて鍵をかけるという事情をかぎつけ、これを大いに利用した。

そのために、打った手は北大営の近くで旅団規模の関東軍に夜間演習を実施させ、命令ありしだい、張学良軍を攻撃できる地点に配置させていた。

さらに、事件当夜は奉天市のおもだつ人びとをパーティに招待し、関東軍の軍事行動を秘匿させる作戦をとっていたから、事前に計画を察知されたり漏れることもなく、鉄道爆破事件の発生からわずか二時間ですべては決着してしまった。

第八章　魚雷による海戦

——スラバヤ沖・バタビア沖海戦での勝利〔一九四二年二月二十七日／スラバヤ沖、三月一日／バタビア沖〕

【1】スラバヤ沖海戦

一九四二年（昭和十七）二月十五日、山下奉文中将ひきいる第二十五軍の手によって、英軍の極東拠点であるシンガポールが陥落したが、日本にとっては最大の懸案である石油・鉱物資源の獲得のために、蘭領《らんりよう》インドシナの油田地帯がつぎのターゲットであった。

そのためには油田のあるジャワ島奪取が不可欠であり、陸軍の今村均中将麾下《きか》の第十六軍を、東部ジャワと西部ジャワの両方面から、同時にジャワ島に上陸させることが必要と判断された。

東部ジャワ方面へは第四十八師団と坂口静夫少将の坂口支隊が上陸部隊として向かい、西部ジャワ方面へは第二師団と第三十八師団の一部で構成、上陸日は二月二十八日に同時に実施するむねが決定された。

上陸護衛艦隊VS米英蘭豪四国艦隊

二月十九日、陸軍の東部ジャワ攻略部隊は、陸軍輸送船三十八隻でボルネオ（現カリマンタン）島とセレベス（現スラウエシ）島との間にあるマカッサル海峡を南下してジャワ海に入り、ジャワ島東部のスラバヤ港をめざした。

一方、西部ジャワ攻略部隊は仏領インドシナから、カリマタ海峡、パンタム海峡を通過して西部ジャワ島のパンタム湾に突入する計画であった。

東部ジャワ攻略部隊を護衛するのは、第五戦隊の重巡「那智《なち》」と「羽黒《はぐろ》」および駆逐艦二隻。さらに第四水雷戦隊を基幹とする軽巡「那珂《なか》」と駆逐艦が六隻。さらに第五戦隊をまもる駆潜艇が二隻、軽巡と駆逐艦四隻など、総合計は重巡二隻、軽巡二隻、駆逐艦十四隻と、駆潜艇、哨戒艇、給油艦などをくわえて六十七隻もの大船団となった。

これに対して、スラバヤ軍港に本部をおくオランダ海軍は、英・米・豪の海軍とともに連合軍を編成し、指揮官としてオランダ海軍将官カレル・ドールマン少将のもと、重巡二隻、軽巡三隻、駆逐艦九隻の戦力で、日本軍の進出をはばもうとしていた。連合軍の攻撃戦力と日本の護衛戦力とは、ほぼ拮抗していたと見てよい。

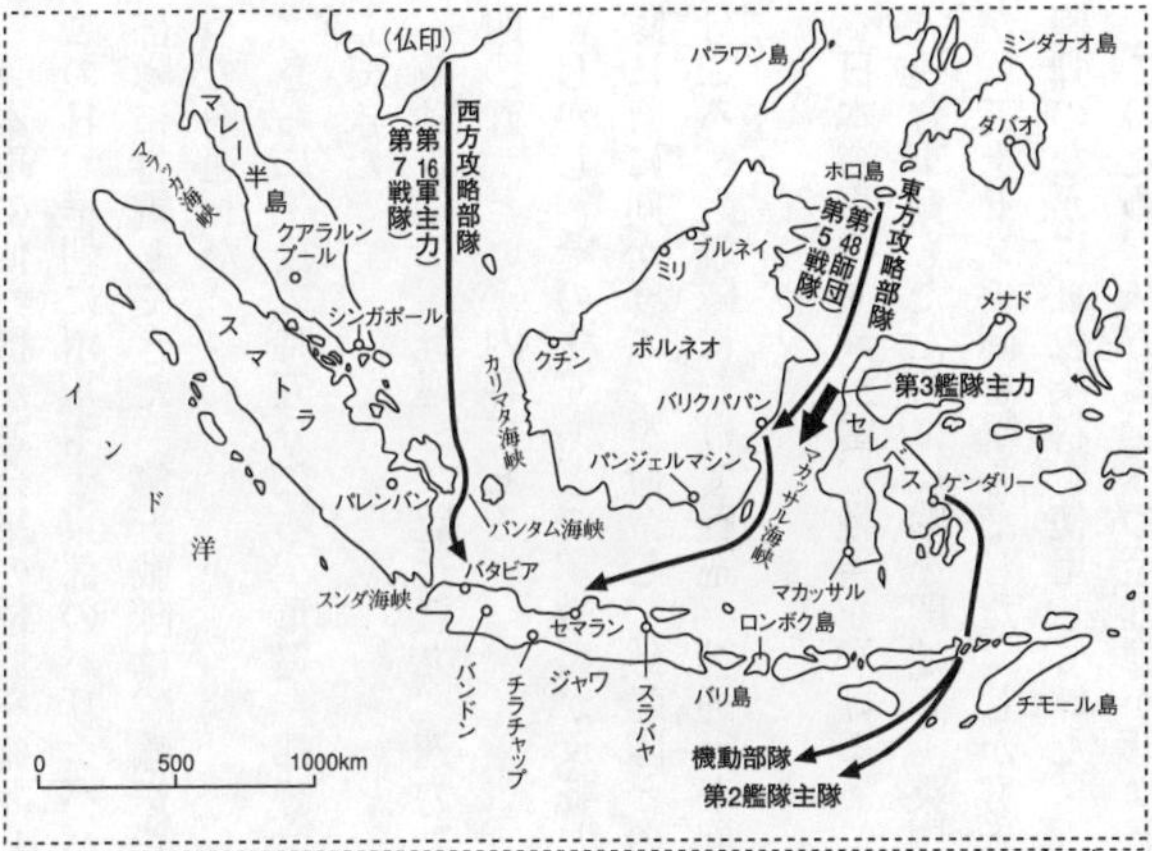

（仏印）
西方攻略部隊
（第16軍主力）
（第7戦隊）
マレー半島
クアラルンプール
シンガポール
スマトラ
インド洋
パレンバン
カリマタ海峡
バンタム海峡
バタビア
スンダ海峡
バンドン
チラチャップ
ジャワ
セマラン
スラバヤ
クチン
ボルネオ
ミリ
ブルネイ
パラワン島
ミンダナオ島
ダバオ
ホロ島
東方攻略部隊
（第48師団）
（第5戦隊）
メナド
第3艦隊主力
バリクパパン
バンジェルマシン
マカッサル海峡
セレベス
ケンダリー
マカッサル
ロンボク島
バリ島
チモール島
機動部隊
第2艦隊主隊
0
500
1000km

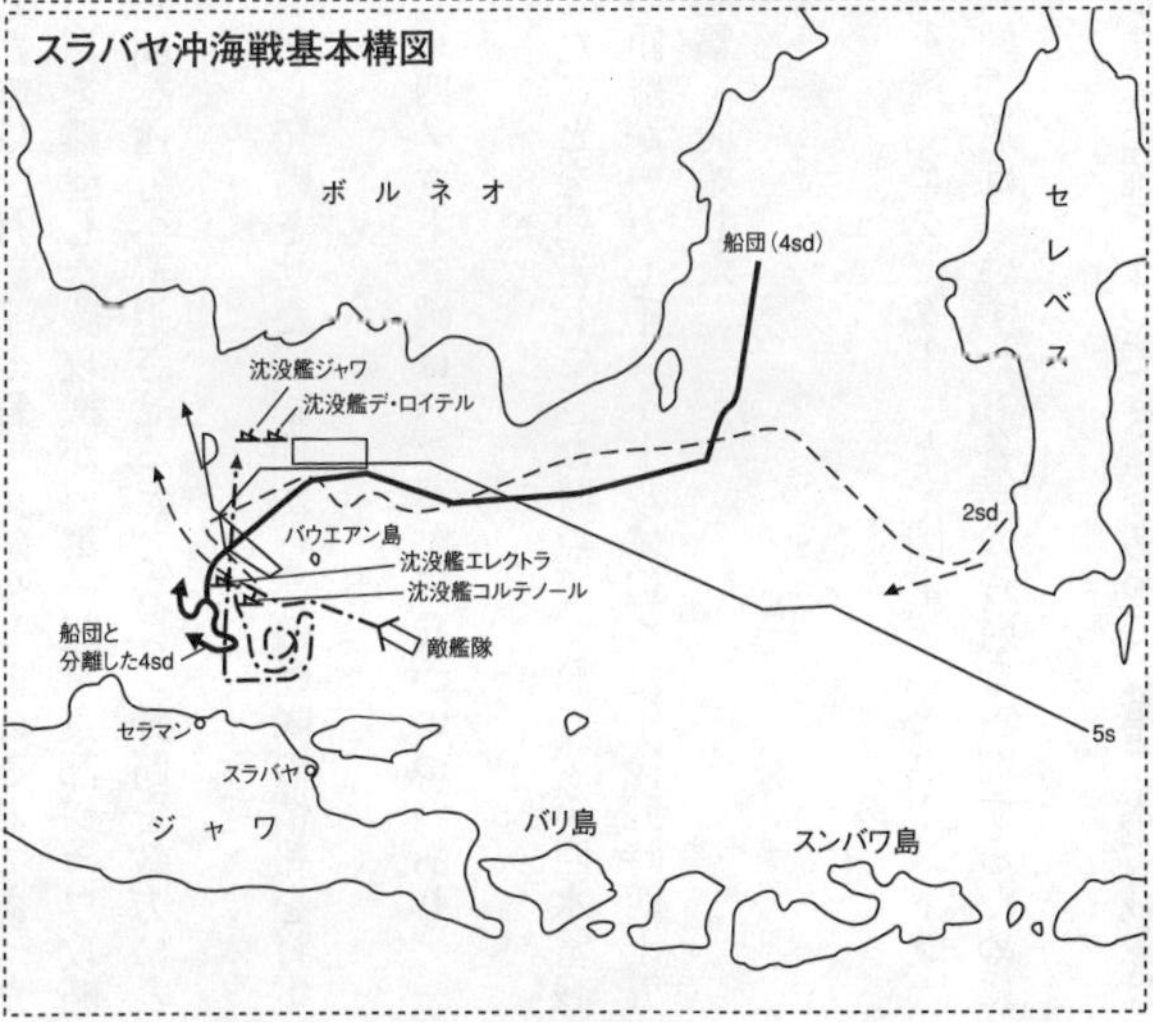

スラバヤ沖海戦基本構図
ボルネオ
セレベス
船団（4sd）
沈没艦ジャワ
沈没艦デ・ロイテル
バウエアン島
沈没艦エレクトラ
沈没艦コルテノール
敵艦隊
船団と分離した4sd
2sd
5s
セラマン
スラバヤ
ジャワ
バリ島
スンバワ島

日本軍の偵察機が連合軍の位置を確認したのは二月二十七日、正午少し前のことであった。この日、早朝にボルネオ東部のバリクパパンを離陸した陸攻機が、第一報を東部ジャワ攻略部隊に打電してきた。第五戦隊は、輸送船団を西方へ避退させるとともに、針路を敵方にとって増速した。

さらに午後二時五分ごろ、重巡「那智」から発艦させた偵察機から、敵艦隊の情報を打電してきた。

「敵は重巡二、軽巡三、駆逐艦九、速力二十四ノット。敵はスラバヤに向かいつつあり。一四〇五」という内容である。

しかし、そのすぐあとで、敵艦が反転したことを報告してきた時点で、第二、第四水雷戦隊に敵に向かうことを命令し、敵艦隊との距離が一万七千メートルに迫った午後五時四十五分ごろ、敵艦隊にむけて軽巡「神通《じんつう》」が砲撃を開始した。

日本海軍の酸素魚雷、戦果を挙げる

連合軍側もただちに反撃を開始し、英国重巡「エクゼター」と米国重巡「ヒューストン」が、二十センチ砲を撃ちだした。しかも米国重巡は、いずれも各艦の斉射を識別するために、砲弾のなかに紅色染料を使用していた。

このため、味方艦艇への至近弾がじょじょに正確となってきた。あわてた第二水雷戦隊は煙幕を張って避退したが、ちょうどそこに第四水雷戦隊が北方からつっ込んできて、一万五千メートルの遠距離から二十七本の九三式魚雷を発射した。

この九三式酸素魚雷は、日本海軍が開発した技術のなかでは傑出したものの一つであった。当時、米海軍が保有していた空気魚雷は、射程八千メートル、爆薬量三百キロであったが、九三式魚雷は射程が速力五十一ノットの場合二万二千メートル、三十六ノットの場合には四万メートルもあり、爆薬量も五百キロ装備していたうえに、酸素を動力とするために排気ガスは海水にとけて雷跡《らいせき》が残らないという優れものであった。

近くまで来ないと視認が困難という性能をほこったが、米軍の空気魚雷は、雷跡がハッキリと残るため早い段階で視認すれば回避することが可能であった。

この九三式酸素魚雷がもっとも活躍したのはルンガ沖海戦のときで、八隻のわが駆逐艦が四隻の米重巡洋艦を撃沈するという戦果をあげたが、戦局が末期になると日本艦隊の数が激減し、魚雷発射の活躍の場がなくなって、むなしく軍港の兵器庫に大量にねむる結果となった。

余談ながら、戦局がきびしくなった昭和十九年になると、酸素魚雷の性能をいかして人間が搭乗し敵艦に突入するという人間魚雷《にんげんぎょらい》を、海軍機関学校卒業の黒木博司少佐が発案し、同年三月に開発をおえ「回天《かいてん》」を完成させた。

回転の性能は、一・五五トンのTNT炸薬を頭部につめ、全長一四・七五メートル、直径

スラバヤ沖海戦を戦う日本水雷戦隊。酸素魚雷が戦果をあげた

一メートル、総重量八・三トンで、潜望鏡をそなえていた。

回天の操縦は主に飛行機不足のために、航空特攻ができなくなった予科練出身のものがえらばれ、椅子がないため床にじかに腰をおろすかたちで搭乗し、敵艦の七千メートル手前から急速潜航して千メートルまで接近し浮上のうえ目標を確認して、体当たりを敢行した。

それはともかく、魚雷攻撃をうけた米英巡洋艦はことごとく避退してしまい、砲撃戦のほうも敵味方とも有効弾がないまま午後六時三十分を経過した。

ところが、午後六時三十七分、重巡「羽黒」が発砲した一弾が英国の重巡「エクゼター」に命中し、対空砲架をうちぬいてボイラー室で爆発した。このため約十名の兵士らが戦死し、「エクゼター」は旋回しはじめて大混乱を呈した。

さらに六時四十五分、重巡「羽黒」が発射した八本の魚雷のうち一本がオランダ駆逐艦

「コルテノール」の横腹を直撃、またたく間に撃沈してしまった。

ドールマン少将の戦死

このため連合軍の陣形はますます混乱したので、指揮官ドールマン少将は戦場からの撤退を命じた。撤退をはじめた連合軍艦隊を、日本艦隊は魚雷を数本発射して追撃したが命中せず、敵も砲戦をしながら撤退をつづけた。

その砲戦と魚雷戦の合間をぬって、駆逐艦「朝雲《あさぐも》」「峯雲《みねぐも》」が敵艦五千メートルまで接近して魚雷を発射した。

両艦は三千メートルの距離まで近づいて砲戦を挑んだが、これにたいして英国の駆逐艦「エレクトラ」と「エンカウンター」も応戦した。このため、「朝雲」は機械室に被弾し故障したが、「峯雲」は「エレクトラ」を攻撃し、ついに七時五十四分、これを撃沈した。

連合軍は避退しつつ陣形をととのえ、午後八時にようやく建てなおしたので、こんどは本来の任務である日本輸送船団を撃滅するべく、探査を開始した。

ところが捜索中に英国の駆逐艦「ジュピター」が、オランダが仕かけていた機雷にふれて轟沈《ごうちん》してしまった。

この爆発沈没事故を日本の第五戦隊が発見したのは、二月二十八日午前零時三十三分のことであった。

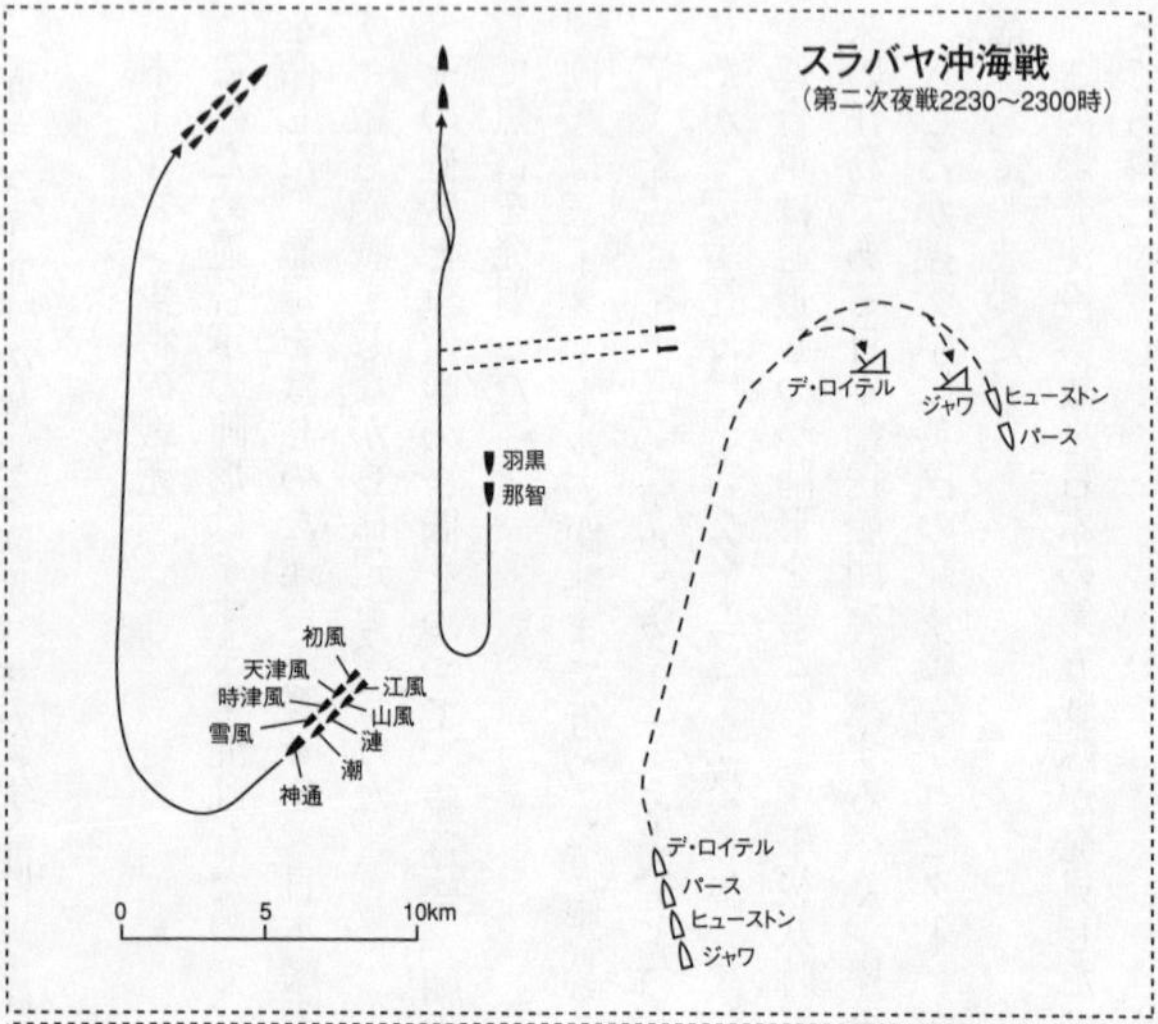
スラバヤ沖海戦
（第二次夜戦2230〜2300時）
デ・ロイテル
ジャワ
ヒューストン
パース
羽黒
那智
初風
天津風
江風
時津風
山風
雪風
漣
潮
神通
0
5
10km
デ・ロイテル
パース
ヒューストン
ジャワ

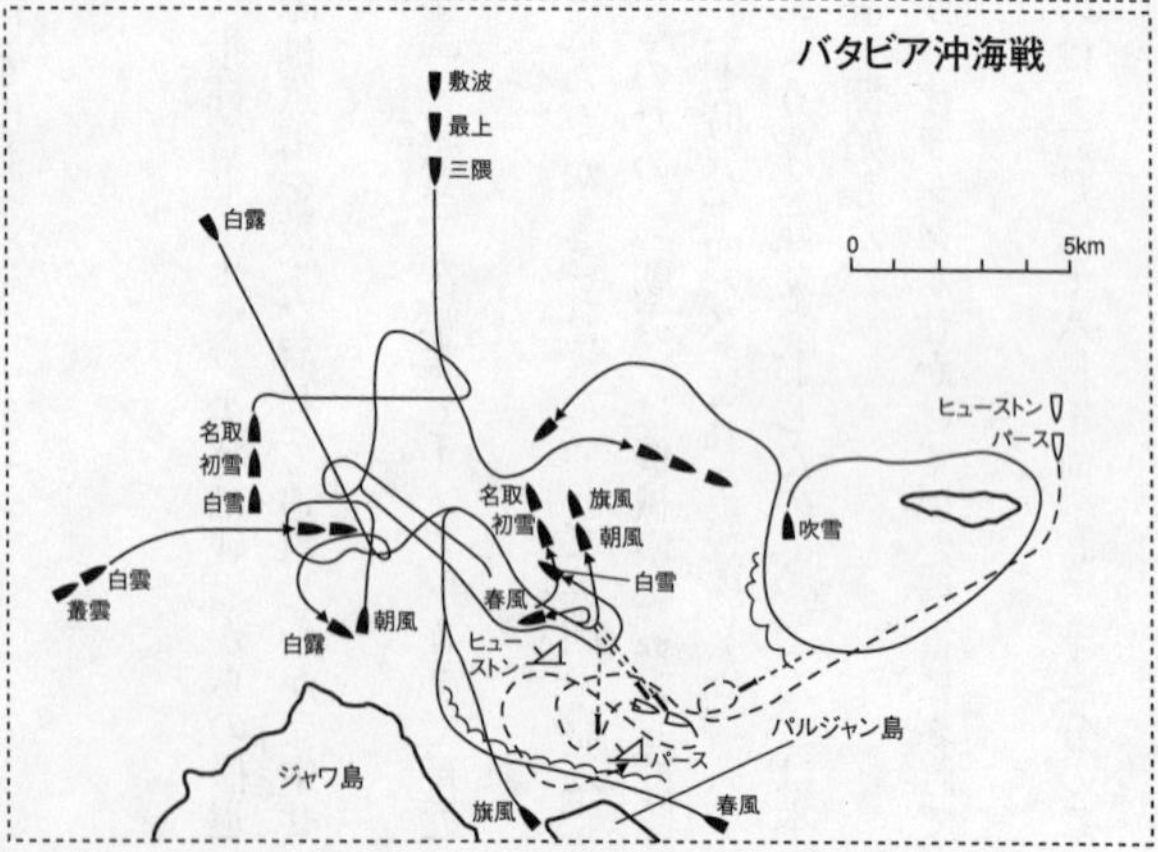
バタビア沖海戦
敷波
最上
三隈
白露
0
5km
ヒューストン
パース
名取
初雪
白雪
名取
初雪
旗風
朝風
吹雪
白雪
白雲
叢雲
春風
朝風
白露
ヒュー
ストン
パルジャン島
パース
ジャワ島
旗風
春風

敵艦隊を視認した重巡「那智」からは八本、おなじく「羽黒」からは四本の魚雷が発射され、オランダの軽巡「デ・ロイテル」（旗艦）とおなじく軽巡「ジャワ」に命中して、両艦とも轟沈し、司令官のドールマン少将も戦死した。

重巡「那智」と「羽黒」からなる第五戦隊は、二十八日の明け方まで連合軍の残敵を探しもとめたが、発見することができなかったので、輸送船団を護衛しつつ上陸予定地のジャワ島・クラガンへ向かった。

ところがクラガン入港直前に、連合軍の十機からなる急降下爆撃機による攻撃をうけ、輸送船二隻が被弾し百五十名の死傷者を出したが、残りの陸軍部隊は三月一日に無事上陸することができた。

【2】バタビア沖海戦

一九四二年二月二十八日のスラバヤ沖海戦でやぶれた連合軍の艦隊のうち、米国重巡「ヒューストン」とオーストラリア軽巡「パース」は、五百キロ西方のバタビア湾のタンジュンプリオーク港に到着した。

一方、今村均陸軍中将が直接ひきいる日本陸軍・第十六軍は、輸送船五十六隻に乗船し二月十八日に仏領インドシナのカムラン湾を、西部ジャワめざして出港した。

重巡の砲撃により撃沈されたエクゼター

この船団を護衛するのは、原顕三郎少将がひきいる第五水雷戦隊（旗艦・軽巡「名取」以下、駆逐艦七隻）、第三水雷戦隊の駆逐艦五隻、および第七戦隊の重巡「三隈《みくま》」、同じく「最上《もがみ》」と駆逐艦一隻の陣容であった。

ヒューストンとパースも魚雷で撃沈

第十六軍を乗せた輸送船団は、二月二十八日の夜半にパンタム湾に入泊し、三月一日の午前零時を期して敵前上陸を開始した。

ちょうど同じころ、「ヒューストン」と「パース」は、連合軍海上部隊指揮官となったオランダのヘルフリッヒ中将から、ジャワ島南岸にあるチラチャップへ集結するよう要請電報をうけたため、タンジュンプリオーク港を出港しスンダ海峡に向かいつつあった。

そしてパンタム湾沖を通過しつつ陸を見ると、日本軍が上陸中であるのを発見したので、二隻は急遽パンタム湾にむけて突進をはじめた。

午前零時三十七分、パースとヒューストンは二十センチ砲を輸送船団にむけて発砲しはじ

英、米、豪、蘭　四ヵ国連合艦隊　艦艇被害一覧

艦名（出撃順）	国籍	沈没日時	被害状況
エレクトラ	英駆	二十七日一九五四	朝雲、峯雲の砲撃による沈没
デ・ロイテル	蘭巡	二十八日〇一〇六	那智、羽黒の雷撃による沈没
エクゼター	英重巡	三月一日一二五〇	二十七日一八三八、羽黒の攻撃により機械室に被弾の後、蘭印主隊の砲撃により沈没
ヒューストン	米重巡	三月一日〇二〇六	第二次夜戦後、バタビアに逃れたが、わが第三護衛隊により撃沈
パース	豪巡	三月一日〇一四二	同右
ジャワ	蘭巡	二十八日〇一一〇	那智、羽黒の魚雷による
エドワーズ	米駆	（豪州へ回航）	二十七日、第二次昼戦終結後、ビンフォート中佐が指揮し、補給のためスラバヤに入港したが、同地では米駆逐艦用の魚雷がなく、豪州に回航することになる。三月一日早朝、バリ海峡を通過、バリ島沖のわが哨戒網を突破して脱出に成功した
アルデン	米駆		
フォード	米駆		
ポールジョンズ	米駆		
ジュピター	英駆	二月二十七日二二五五	味方が敷設した機雷に触れて沈没
エンカウンター	英駆	三月一日一五三〇	蘭印主隊の砲撃により沈没
ビデ・デ・ウッド	蘭駆	二十七日一八三五ごろ	わが航空部隊、鹿屋空のスラバヤ港内艦艇爆撃により沈没
コルテノール	蘭駆	二十七日一八四五	羽黒の雷撃により撃沈
ホープ	米駆	三月一日一五四〇	蘭印主隊により撃沈

めた。この連合軍の動きにたいして、日本側の駆逐艦はすでに敵艦を追尾していたため、ただちに魚雷を発射するとともに十二・七センチ砲を米・豪巡洋艦に送りはじめた。

日本側は五隻の駆逐艦と「名取《なとり》」がそれぞれ魚雷を放ったが、いずれも敵にかわされて命中弾はなかった。そして駆逐艦群の攻撃が終わると、日本側は重巡「最上」と「三隈」が一万二千メートルの距離から魚雷を発射しながら、全主砲を敵艦にむけて斉射《せいしゃ》した。

日本側の攻撃によって、まず「ヒューストン」、つづいて「パース」にも火災が発生したところへ、駆逐艦群がふたたび魚雷攻撃を敢行したため、両艦ともに魚雷が命中し、「パース」は午前一時四十二分に沈没した。さらに二十四分後の午前二時六分、今度は「ヒューストン」が静かにバタビア沖の海中に沈んでいった。

砲撃戦でも優秀さを示した日本艦隊

わずか二時間の海戦で、敵の巡洋艦二隻を撃沈したが、攻撃をくわえた日本艦隊は多数の魚雷をはなった結果、敵艦の下をくぐりぬけた魚雷が日本の輸送船団に激突し、竜城丸《りゅうじょうまる》、蓬《ほう》莱丸《らいまる》、竜野丸《たつのまる》が大破転覆した。

このうち、竜城丸には軍司令官の今村均中将が乗船しており、被雷転覆した船から夜の海上へ放り出され、救助されたのは三時間もたった後であった。

なお、四二年二月二十八日のスラバヤ沖海戦で、日本軍の攻撃をのがれた英国重巡「エクゼター」と駆逐艦「エンカウンター」、および米国駆逐艦「ホープ」は陣形が乱れたあと、スラバヤ軍港にのがれた。

この三艦はセイロン（現スリランカ）島に在泊していた英国東洋艦隊に合流するべく、四二年三月一日正午ころスラバヤ軍港を出港した。そしてスラバヤ沖に浮かぶバウエアン島の西方九十カイリの地点に差しかかったとき、日本の蘭印部隊の主隊である重巡「足柄《あしがら》」おなじく「妙高《みようこう》」と、駆逐艦二隻の攻撃をうけすべて撃沈されてしまった。日本側の射撃技術がきわめて優れていたことをしめす海戦であった。

【3】ほぼ同数の艦隊決戦：勝利の因子

ところで、日本軍の勝因を考えてみると、まずスラバヤ沖海戦ではこうだ。

幸運な一発をいかす

第一に「日本側は多分に幸運」であったが、それは重巡「羽黒」の発砲した一弾が英重巡「エクゼター」に命中したことが、その後の戦局を有利にみちびいたことである。

双方の砲撃戦・魚雷戦が一時間ちかくつづいたなかでの命中であっただけに、敵の陣形が大混乱におちいったことが挙げられる。そして日本軍は、この敵の混乱にすかさず付け入って勝利をものにしていった。

日本駆逐艦群の勇敢さ

第二の要因は、「日本の駆逐艦群の勇敢さ」である。

我がほうの駆逐艦群が敵の砲雷撃を恐れることなく、三千メートルの近距離まで接近し魚雷を発射したことである。この勇敢さが、連合軍の陣形を混乱させ結束をやぶることになったからである。

敵レーダーはいまだ旧式だった

第三に、「敵のレーダー性能がいまだ完璧でなかった」ことだ。

この海戦のころには、連合軍はすでに電波探知機（レーダー）を開発していたが、米軍の場合一九四二年の初めころは、新型レーダーは戦艦や航空母艦などの大型艦に装備しただけで、巡洋艦や駆逐艦には旧式レーダーをそなえて日本軍との決戦にのぞんでいた。旧式のため探知範囲が狭くかつ信頼性に欠けていた点があげられる。

その意味では、レーダーを本格的に実戦使用しなかった艦隊決戦であったといえよう。ちなみにミッドウェー海戦のときには、米軍は超短波をつかったＳＣレーダーを主要艦艇に搭載して作戦に従事していた。

一方、日本艦隊には艦隊用レーダー（電波探知機）をそなえた艦はなく、人間の目で探索する状態が依然としてつづいていたが、敵艦隊のレーダーが未完成のために夜間でも有利に戦うことができたといえる。運が良かったともいえるのである。

米英軍は昭和十六年から十七年（一九四一～四二）の段階では、すでにレーダー探査の時代に突入していたが、日本海軍が対艦艇用電波探知機の実験に成功したのは、昭和十七年七月であり、完全に稼動したのは昭和十九年三月だった。射撃と連動させた電探《でんたん》が開発されたのは、昭和十九年八月であったが、もはや電探をのせるべき主力艦艇がなくなっていた。

連合軍にコミュニケーション不足

第四に、敵は四ヵ国からなる連合軍のため「コミュニケーションに齟齬《そご》」を来たしていたことである。

連合軍は急増の編成部隊であり、司令官をオランダのドールマン少将としたが、米、英、豪の司令や艦長たちはオランダ語を理解するものがなく、結局、各艦からオランダ語のわかるものを急遽あつめて通訳とし、指揮官のかたわらにおくことをしたが、意思疎通《そつう》の面では重大な欠陥となった。

日本艦隊の連携プレー

つぎに、バタビア沖海戦で、米重巡洋艦「ヒューストン」と豪軽巡「パース」を撃沈させた勝利の因子は、日本の巡洋艦隊と駆逐艦隊との連携プレーがみごとに功を奏したことと、駆逐艦隊の将兵に勇敢な突撃精神が横溢していたことである。

相手が重巡洋艦ともなれば一万トン前後の巨艦であり、千五百トン前後の駆逐艦が魚雷発射のために接近することは、かなり勇気のいることであるが、日本の駆逐隊は身を犠牲にしてでも接近して必中の魚雷を発射し、撃沈の効果をあげた。

敵は俄か連合軍で連携プレーなし

また先のスラバヤ沖海戦の戦場から、かろうじて脱出した英国重巡「エクゼター」と二隻の英米駆逐艦は、逃げこんだスラバヤ軍港から、インド洋にいる英国東洋艦隊への合流をもくろんで出港したさいに、日本の重巡洋艦二隻、駆逐艦二隻と遭遇し海戦となった。

このときの日本艦隊の勝利の因子は、むしろ敵連合軍側が有効な連携プレーをとれなかったことにあると言ってよいであろう。

すでにスラバヤ沖海戦で日本艦隊の優秀さを見ていた連合軍は、恐怖心の方が先にたち戦場からの離脱を優先しようとした。つまり、連携プレーをもって日本艦隊を迎撃する積極性を欠いたため、個々バラバラに逃げまどう結果となり、日本艦隊の餌食《えじき》となってしまった。

第九章　セイロン島沖海戦〔一九四二年四月五日〕

——機動部隊を有効に使った日本軍と失敗した英軍

【1】機動部隊が勝利を決す

昭和十六年十二月八日、米英蘭に宣戦布告をおこなった日本は、開戦劈頭《へきとう》においてハワイ真珠湾に停泊する米国艦隊に奇襲攻撃を敢行し、さらに余勢をかってサイゴンに本拠をおく第二十二航空戦隊と二十三航空戦隊は、十二月十日、マレー半島沖を遊弋《ゆうよく》する英国東洋艦隊の主力艦である「プリンス・オブ・ウエールズ」と「レパルス」を航空攻撃によって撃沈していた。

さらに帝国陸海軍は、昭和十七年二月末までにシンガポールとオランダ領インドネシア、およびフィリピンの米軍を駆逐し、極東方面における連合軍はすっかり姿を消していた。

そこでジャワ島にたいする上陸作戦が終了した昭和十七年三月九日、山本五十六連合艦隊司令長官は、南雲《なぐも》忠一中将のひきいる機動部隊にたいし、英国東洋艦隊の本拠地となっているセイロン島の攻撃を命じた。

ハワイ帰りの南雲部隊インド洋へ

英国東洋艦隊は、戦艦五隻、空母三隻、重巡三隻、軽巡二隻、駆逐艦多数、航空機三百機という数が報告されていた。

当時、セイロン島には軍港トリンコマリーと商港としてのコロンボ港があったが、ビルマへの軍需物資の積み出し港であると同時に、日本軍の輸送船をおそう攻撃部隊の根拠地でもあった。

なぜなら、日本陸軍は昭和十七年三月八日にはビルマ（現ミャンマー）の首都ラングーンを占領しており、さらに内陸部からインド方面にむけて進撃する陸軍のための輸送船団のルートが出来あがっていたからである。

ビルマ作戦を成功させるためには、セイロンに本拠をおく英国東洋艦隊を撃滅しておくことと、英軍にとって重要な補給・修理施設のととのった二つの港に打撃をあたえておく必要があった。

南雲機動部隊は、五隻の航空母艦のほかに四隻の戦艦、重巡二隻、駆逐艦十隻、その他六隻の補給船をともなっていた。

さらにマレー部隊機動部隊をひきいる小澤治三郎中将・第一南遣艦隊司令長官にも、ベンガル湾にむけて出撃命令が下り、小澤中将は重巡二隻、空母一隻、駆逐艦十四隻をもってインド洋東海岸に向かった。

コロンボ空襲のため発進準備中の「瑞鶴」飛行隊の零戦と艦爆

これに対して、英国側はすでに米国情報機関から南雲機動部隊が四月一日にセイロン島攻撃を実施するむねの情報をえて、セイロン島を出港して南西二百浬にあるモルジブ諸島に集結し、セイロン島近辺に偵察機を配して待ち伏せていた。

すなわち英国東洋艦隊の司令長官であるサー・ジェームス・ソマービル海軍大将は、戦艦五隻、空母三隻からなる主力部隊をひきいて、いまや遅しと待ちかまえていたのである。

南雲機動部隊は四月五日に英国東洋艦隊の勢力圏内に入ったが、同日午後には英国の偵察機である飛行艇にその所在を発見された。敵の飛行艇は撃墜したが、撃墜される前に南雲機動部隊の陣容をコロンボ基地に打電していた。だがそれにもかかわらず、南雲部隊はコロンボ港に空襲を敢行した。

コロンボ港に空襲をおこなったのは、艦上爆撃機三十八機、艦上攻撃機五十四機、護衛戦闘機三十六機からなる第一次攻撃隊である。

空襲部隊がセイロン島に近づいた時点で、十二機からなる敵の複葉機が魚雷をだいて日本の機動部隊めがけて飛行してくる姿をとらえたため、零戦が一撃でこれを屠《ほふ》った。

【2】兵装転換の問題点

第一次攻撃隊がコロンボ上空に達してみると、すでに飛行場に機影はなく、迎撃の戦闘機もやってこない。

そこで、コロンボ港に停泊していた商船、タンカーなどに急降下爆撃をくわえる一方、艦上攻撃機は桟橋、兵舎、修理工場、鉄道、飛行場などに攻撃をくわえた。

しかし、第一次攻撃隊の総飛行隊長である淵田美津雄中佐は、攻撃の成果が思わしくないと判断し、第二次攻撃隊の準備を機動部隊に要請した。

ところが、コロンボ空襲は第一次攻撃だけで終了できると考えていた司令部側は、待機していた母艦上の攻撃機に英国艦隊攻撃のための魚雷を装備させていた。

このため、第二次攻撃が必要との淵田中佐からの要請で、急遽、魚雷をはずして陸用爆弾に切りかえはじめた。当然ながら母艦の格納庫では魚雷から陸用爆弾への兵装転換でごった返していた。

ちょうどその時、偵察機から「敵巡洋艦二隻発見」の知らせが入ったため、陸用爆弾への兵装転換がかなり進んでいたにもかかわらず、南雲長官は再度、魚雷に変えるよう命令を下した。

理由は巡洋艦を撃沈するには陸用爆弾では無理で、やはり魚雷か八百キロ爆弾をだいて水平爆撃で攻撃しなければ効果がないと判断されたからである。しかも兵装転換の真っ最中に第一次攻撃隊が帰還してきて、母艦の甲板上は大混雑の様相を呈していた。

各母艦上は大いに混乱したが、さいわいなことに、敵機動部隊の出現にそなえてコロンボ空襲に参加せずに、待機していた急降下爆撃隊五十三機を午後三時三分に発進させた。そして発艦から五十一分後に艦爆隊は、二隻の英国重巡「コーンウオール」(一万トン)と「ドーセットシャー」(九九七五トン)を発見し、わずか十数分で撃沈してしまった。

戦場の教訓を活かせなかった司令部

このときの南雲部隊は、敵空母出現にそなえて急降下爆撃隊が準備されていたから、なんとか間に合ったが、後にミッドウェーにおいても陸用爆弾から魚雷への転換に手間どって大敗北を喫してしまった。

空母艦爆隊の急降下爆撃で沈みゆく英国重巡コーンウオール

敵味方が錯綜《さくそう》する戦場では、こうした事態がつねに起こることは十分あり得ることであり、軍司令部では当然これを想定して研究し訓練をしておく必要があった。だが、南雲部隊も日本海軍軍令部もこれを怠ってしまったのは、パールハーバーでの緒戦以来つづいた華々しい戦果に、油断と慢心がめばえていたためである。せっかくのチャンスが活かされなかったのである。

これより先、コロンボ港空襲をおえて帰還中の第一次攻撃隊にたいして、英軍はハリケーン戦闘機とファルマー戦闘機四十二機と雷撃機ソードフィッシュ八機が待ち伏せ攻撃くわえてきたが、零戦はわずか三十分で二十七機を撃墜した。しかし、日本側の艦爆六機がハリケーン戦闘機の餌食となった。

いずれにしても、敵の重巡二隻を撃沈したことで、コロンボにたいする第二次攻撃は中止された。

一方、南雲機動部隊を追いもとめていたソマービル大将ひきいる英国機動部隊は、南雲機動部隊の西方二百八十浬（約五百二十キロ）にいたが、この地点で味方の重巡二隻が撃沈さ

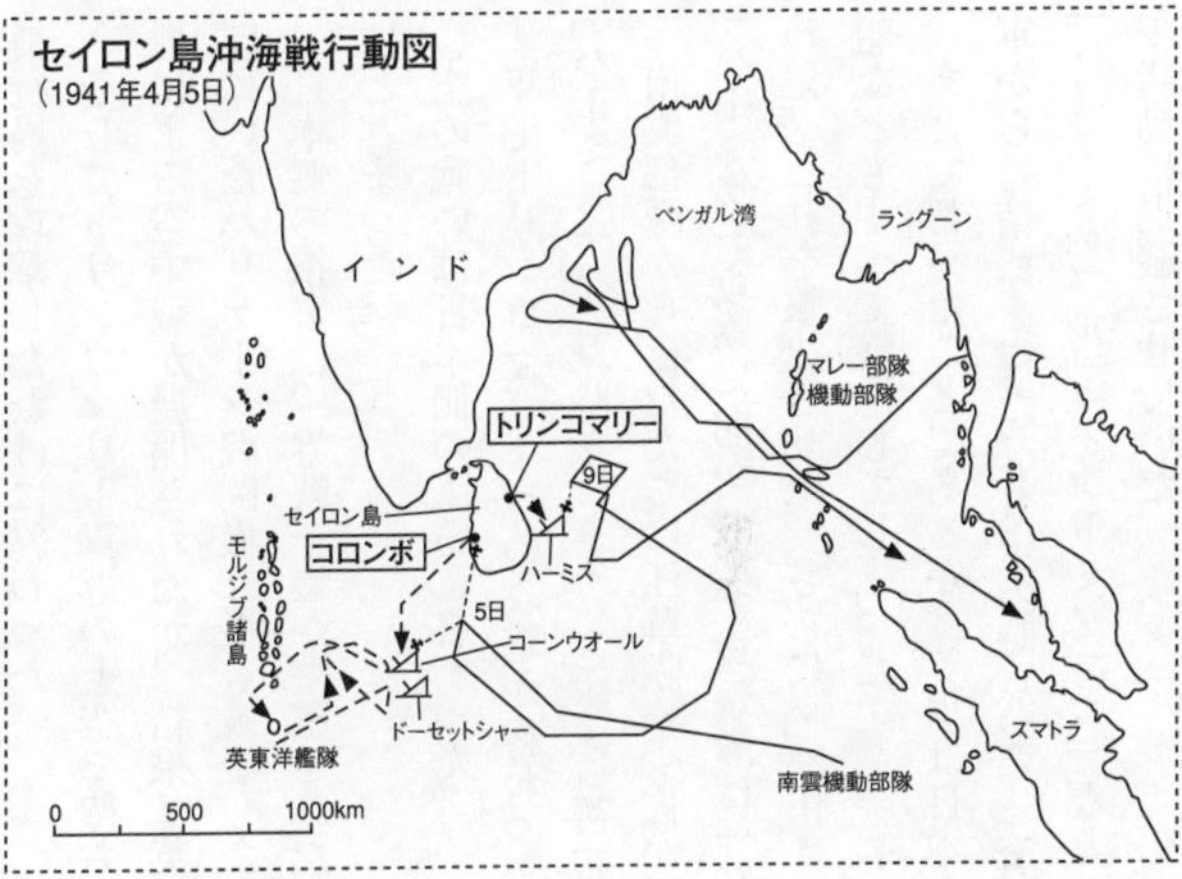

れたことを知った。

さらにマラッカ海峡をぬけてカルカッタ方面の英軍補給線を断つ任務にあった小澤中将のマレー部隊は、カルカッタに向かう英国のタンカー、武装商船および貨物船を発見して攻撃をくわえ、交通路破壊作戦を成功させた。

空母部隊の勝利のカギは正確な情報

コロンボ港への攻撃をおえた南雲機動部隊は、こんどは英機動部隊をもとめてまずセイロン島のトリンコマリー軍港を襲うべく、一九四二年四月九日、淵田美津雄中佐に艦上攻撃機九十一機と零戦三十機をひきいさせて攻撃に向かわせた。

ところが、事前に南雲部隊の来襲を予期していたイギリス機動部隊は、すべての艦船を軍港から退避させていたため、淵田隊は軍事施設と飛行場を攻撃しただけに終わった。

そしてトリンコマリー軍港の上空で待ちかまえていたイギリス戦闘機四十機と、零戦三十機による空中戦が展開されたが、結果は英戦闘機三十九機と水上偵察機一機を撃墜し、滑走路にいたハリケーン戦闘機二機も破壊した。

日本側の損害は、零戦三機が撃墜されたほかは、艦攻一機が自爆し六名の死傷者を出したにとどまった。

空の戦いは日本側の圧勝に終わった。

軍港トリンコマリーへの攻撃が終わったころ、戦艦「榛名《はるな》」の水偵が、イギリスの空母「ハーミス」(一万八五〇〇トン)と駆逐艦三隻発見の情報を南雲部隊にもたらした。

南雲部隊からはただちに江草隆繁《たかしげ》少佐が艦爆八十五機をひきい、六機の零戦に護衛させて「ハーミス」攻撃に向かった。攻撃隊は一時間四十分後に「ハーミス」を発見して攻撃をくわえ、これを撃沈させた。さらに「ハーミス」の護衛についていた駆逐艦と補給船および商船などもすべて撃沈してしまった。

あとで判ったことであるが、英軍は日本が強力な機動部隊をインド洋に向けた、という米軍からの情報を得た三月末の時点で、三万六千トンの戦艦「ウオースパイト」や正式空母「フォーミダブル」「インドミタブル」などの主力を、セイロン島から千キロも南のセーシェル諸島に退避させていた。

ハーミスも当然、セーシェル諸島へ退避させるつもりであったが、それができなかったのは、日本軍の勝利に連動してインド国内が騒然となり、独立運動の機運が高まったため、これを押さえる必要から若干の艦隊をセイロン島やインド亜大陸周辺に残しておく必要があったところに、英軍の弱点があった。

【3】インド洋作戦：勝利の因子

以上の戦果をふまえて、セイロン島沖海戦の勝利を分析してみよう。

イギリス軍の弱気で拙劣な戦法

第一に、「英軍の弱気かつ拙劣《せつれつ》な戦法」に助けられたことである。南雲機動部隊が文字どおり連合艦隊として編成されていたのにたいし、英軍は依然として空母一隻での単独行動で作戦を遂行していた点である。

当時の航空母艦の大きさは二万トン前後のため、航空機の積載能力は五十機前後であり、護衛戦闘機を積載すると、攻撃機は三十機程度しかなく、戦果をあげるにはやはり数を集中させた方が有利であった。

米軍にしても英軍にしても、真珠湾での惨敗やマレー沖海戦、そしてセイロン島沖海戦での敗北によって、機動部隊方式をとるようになった。米軍からの情報によって、日本海軍の機動部隊がインド洋へ出てくることは分かっていたが、待ち伏せまでしながら決戦を断行しなかったのは理由があった。

一つは、パールハーバーを攻撃して成功している日本海軍は、技術的にかなり自信を持っているのに対し、英機動部隊はいまだ経験がないこと。

そしてもう一つは空母から発進してくる艦上爆撃機を護衛する戦闘機が、日本には零戦という優秀な飛行機があったのに対し、英軍の場合には零戦に匹敵《ひってき》する戦闘機を保有していなかったことである。

しかしながら、勝利者の地位にたった日本海軍は、航空母艦の重要性を認識せず相変わらず大艦巨砲主義のとりことなっていたのは皮肉である。

日本側のすぐれた情報収集

第二に、「日本側の情報収集の能力が優れていた」ことである。

敵情査察の偵察機を航空母艦のみならず、戦艦や巡洋艦からもカタパルトをつかって偵察機を発進させ、情報収集にあたらせたことが、敵発見を早めることになった。

日本海軍は空からの情報収集を、空母から発着する偵察機のみならず、巡洋艦や潜水艦から発進させる方法をとってユニークではあったが、発進準備中や帰還してきた偵察機を収納している間は戦闘ができず、危険でもあった。

制空権をにぎった零戦の優秀性

第三に、日本が制空権をにぎれたのは「零戦の優秀性」にある。

航空母艦の護衛や攻撃隊の護衛に、零戦という当時の世界ではもっともすぐれた戦闘機をつかうことができた点である。

日本軍攻撃機の来襲を予期していた英軍トリンコマリー軍港では、すべての艦船を港から避難させ、上空では零戦よりも多い四十機の戦闘機が待ち伏せていたが、零戦のために全滅し、艦攻の攻撃を阻止することができなかった。科学技術の勝利であったと言えよう。

第十章　真夜中の艦隊決戦〔一九四二年八月九日／第一次ソロモン海戦〕
――ソロモンの海にアメリカ重巡四隻を撃沈

【1】巡洋艦同士の決戦

一九四一年（昭和十六）十二月八日、日本軍が真珠湾奇襲に成功して以来、マレー作戦、フィリピン攻略と順調に進展していたのはわずか半年間であった。

一九四二年六月には、ミッドウェーで虎の子の空母である「赤城《あかぎ》」「加賀《かが》」「蒼龍《そうりゅう》」「飛《ひ》龍《りゅう》」を失い、その後の制海権をうばわれる重大局面に入っていた。

それでも、米軍は反攻のための準備が必要として、オーストラリア方面に主力を置いて英国、オランダ、オーストラリアなどと連合してソロモン海付近の島々を、航空基地として確保するため着実に北上をはじめていた。

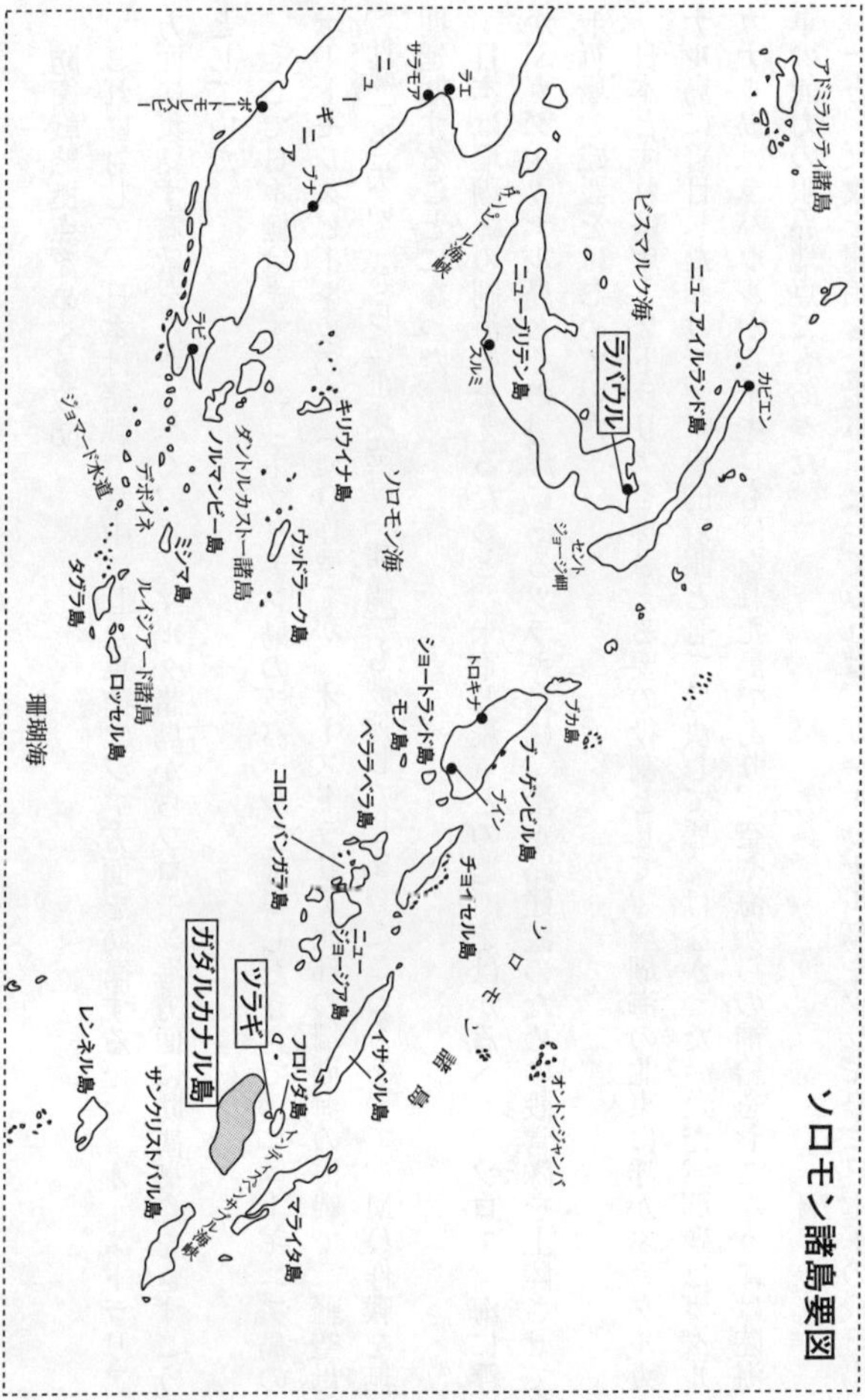
ソロモン諸島要図
アドミラルティ諸島
ビスマルク海
ニューアイルランド島
カビエン
ラバウル
ニューブリテン島
スルミ
ダンピール海峡
ラエ
サラモア
ニューギニア
ブナ
ポートモレスビー
ラビ
ジョマード水道
デボイネ
タグラ島
ミシマ島
ルイジアード諸島
ロッセル島
珊瑚海
ノルマンビー島
ダントルカストー諸島
キリウイナ島
ウッドラーク島
ソロモン海
セントジョージ岬
ブカ島
ブーゲンビル島
トロキナ
ブイン
ショートランド島
モノ島
ベララベラ島
コロンバンガラ島
ニュージョージア島
チョイセル島
ソロモン諸島
オントンジャンバ
イサベル島
フロリダ島
ツラギ
ガダルカナル島
サンクリストバル島
マライタ島
レンネル島

防衛戦略拠点をめぐる攻防

これに対して、日本は緒戦で掌中にした東南アジア方面を防衛するため、オーストラリア方面に集結する敵をたたくべく、ビスマルク諸島からソロモン海方面に防衛拠点をきずこうとしていた。

そこで日本側はまず、ニューブリテン島のラバウルを獲得したうえで、ニューギニア島のポートモレスビーを攻めた（ＭＯ作戦）が、オーストラリア北部の珊瑚海《さんごかい》の海戦で、軽空母「祥鳳《しょうほう》」を失い、さらに正式空母「翔鶴《しょうかく》」も被弾してしまったこともあって、ＭＯ作戦を無期延期することになった。

日本は珊瑚海の制海権をえるためと、米軍と豪軍との遮断をはかるべく、ソロモン海に浮かぶガダルカナル島とその対岸にあるツラギ島に、滑走路建設のための設営隊《せつえいたい》を上陸させて飛行場の建設をはじめていた。

日本とすればオーストラリアを押さえる要《かなめ》の役割として、珊瑚海の北東に浮かぶガダルカナル島に着目したわけで、軍事的着眼としては決して悪くはなかった。ただ、問題はガダルカナル島はラバウルから千キロもはなれた島であり、空や海からの補給をおこなうには陸海軍の能力の限界地点でもあった。

一方、反攻を開始した米軍にとってみれば、ガダルカナル島やツラギ島に日本軍の飛行場基地ができることは、何としても阻止する必要があり、ここにガダルカナル島を中心とする日米の攻防戦が展開されることになった。

米軍、ガダルカナルに上陸

日本軍は一九四二年五月にフロリダ島の隣りにある小島のツラギに、陸戦隊七百人と飛行場設営隊の一部、それに水上機隊がそれぞれ進出をおえていた。

さらに同年六月十一日以来、ガダルカナル島には二千五百人からなる飛行場設営部隊と、それを警備する百五十人の部隊がルンガ泊地から上陸して飛行場建設をはじめ、八月七日に完成する予定であった。

ところが八月七日の早朝になって日本が警戒のために送っていた偵察機が、ガダルカナル海域周辺に米軍艦艇多数と輸送船二十七隻がサヴォ島方面を東南にむけて航行中という情報をラバウルの司令部に打電してきた。

ところが、それから間もなくして八月七日午前六時過ぎ、米第一海兵師団一万一千人が二十三隻の輸送船に分乗し、突然ガダルカナル島ルンガにある日本軍飛行場をめざして上陸を敢行してきた。

米輸送船を護衛してきたのは六隻の重巡洋艦と二隻の軽巡洋艦、十二隻の駆逐艦であり、これに対して日本軍で戦えるのはわずか百五十人で、残りは土木建設の労働者たちであるからほとんど抵抗できず、飛行場を放棄して山中に逃げ込むしかなかった。

同じ日、ツラギにも米第一海兵師団八千人が、軽巡洋艦一隻と駆逐艦二隻に護衛されて上陸してきた。ツラギには日本軍七百人の部隊がいたから、米上陸部隊と激しい戦闘を展開したが、十倍以上の敵には抗しきれず、「我、ツラギを死守せん」との電報をうち、激闘二時間でついに玉砕した。

米軍上陸の急報をうけたラバウルの日本軍司令部は、八月七日午前、ただちに救援するべく、艦上爆撃機九、艦上攻撃機二十七、護衛の零戦十八機を出撃させたが、待ちかまえていた米軍機の迎撃にあい、敵艦船にたいする戦果ははかばかしくなかった。わずかに零戦が敵機二十一機を撃墜したにとどまった。日本側は九機が損害をうけた。

さらに明くる八日も陸上攻撃機二十三、零戦十四機で出撃したが、陸攻十八機が対空砲火のために撃墜され戦果をあげることができなかった。零戦一機も対空砲火で撃墜された。

ところで、当時ラバウル泊地には三川軍一中将がひきいる第八艦隊が在泊していたが、その戦力規模は重巡洋艦五隻、軽巡洋艦二隻、駆逐艦一隻であり、空母は持っていなかった。

しかし、ガダルカナルとツラギからの緊急電報に接した三川中将は、ただちに連合艦隊司令長官・山本五十六大将に出撃許可をもとめたが、山本大将も永野修身軍令部総長もすぐには許可をあたえなかった。理由は空母の護衛なく千キロも航行していれば、かならず敵に発見され空母をもつ敵に撃沈されることは必至とみていたからである。

事実、八月八日の時点で空母「サラトガ」「エンタープライズ」「ワスプ」からなる米機動部隊は、サヴォ島から百二十浬ほど東に位置していたから、艦艇だけの出撃は危険であった。

味方艦艇の損耗を心配していた指揮官

三川中将も八月七日早朝、ツラギ通信基地からの緊急電報を第八艦隊司令部が直接受信して、米軍侵攻を知ったが、中将はかつてフランス大使館の駐在武官を経験するなど、国際的経験も豊富な軍人であるうえに慎重な性格としても知られていた。

三川中将は、フランスをはじめ欧州各国の国情を見るにつけ、祖国日本の国力がとうてい列強諸国におよばないことを身をもって体験していたから、貧しい日本が国民生活を犠牲にしてまでも軍艦建造をすすめ、自らはその艦隊をあずかる司令官の任務についている責任の重さを充分すぎるほど認識していた。

中将の観点からすれば、輸送船などは比較的安く大量にしかも早く建造が可能だが、軍艦となるとコストと資源を大きくついやすばかりでなく、建造時間も輸送船建造より数倍がかかった。それゆえ、敵輸送船を撃沈するメリットよりも、自軍艦隊の損害によるデメリットの方がはるかに大きいと計算していた。

しかし、ツラギからの緊急事態を知るにおよんで、首席参謀の神重徳大佐や、「鳥海《ちょうかい》」艦長の早川幹夫大佐と相談の結果、敵の機動部隊をたたくことよりも、むしろガダルカナル島に上陸中の敵輸送船団を撃滅するという目標を作成することによって、味方艦隊の損耗をさける作戦ならば司令部からの出撃許可を得やすいと判断した。そのうえで、山本司令長官に出撃許可をもとめる電報をうった。

すでに山本長官のもとにもツラギからの玉砕電報が入っており、空母援護のない日本艦艇の出撃をどうするかで苦慮していた。しかし普段は慎重な三川中将が熱心に出撃を具申してきたことに、山本長官は中将になにか自信があるのだと判断し、さらに敵艦隊との決戦はおそらく夜戦となる見通しと判断されると聞いて、長官もこれを許可する決定をおこなった。

夜間決戦ならば制空権は関係ないからである。

【2】三川中将の決断

かくして、一九四二年八月七日午後四時三十分、三川中将ひきいる第八艦隊は、旗艦である重巡洋艦「鳥海」を先頭に、「青葉《あおば》」「古鷹《ふるたか》」「衣笠《きぬがさ》」「加古《かこ》」と軽巡洋艦「天龍《てんりゅう》」「夕張《ゆうばり》」および駆逐艦「夕凪《ゆうなぎ》」の八隻でラバウルを出撃した。

旗艦「鳥海」は一万一三〇〇トン、二十センチ砲十門をもつ重巡洋艦であり、「青葉」と「衣笠」は九〇〇〇トン、二十センチ砲は六門を保有、「加古」と「古鷹」は八七〇〇トンで二十センチ砲はおなじく六門を保有していた。

また、軽巡洋艦の「天龍」は三二〇〇トン、十四センチ砲四門、艦齢二十五年の古い艦であり、同じく軽巡の「夕張」は二八〇〇トン、十四センチ砲を六門そなえていた。駆逐艦の「夕凪」は一二七〇トン、十二センチ砲を四門そなえていたが、おなじく古い軍艦であった。

日本艦隊は速力二十ノット以上のスピードで南下をつづけ、八月八日午後九時ごろ、右舷にニュージョージア島を見る時点で「鳥海」を先頭に単縦陣をくみ、速力を二十六ノットに上げてガダルカナル島ルンガ沖に向かった。

このころ、米軍の機動部隊はガダルカナル島の南百二十浬の位置にあるサンクリストバル島の沖合いにあった。

米機動部隊の指揮官であるフランク・フレッチャー中将は、先の珊瑚海海戦で空母「レキシントン」を失い、「ヨークタウン」を大破されたことに鑑み、これ以上の空母喪失は避けたいと考えていたために、上司である南太平洋部隊総指揮官のロバート・ゴームリー中将に、米空母部隊の即時引き上げを具申し、返事がくる前に珊瑚海にむけて南下・撤退をはじめていた。

巡洋艦群によるサヴォ島沖の決戦

こうした敵情を知らずに、第八艦隊はサヴォ島に近づいてきたが、じつは、ここへ来るまでに敵に三度遭遇していた。

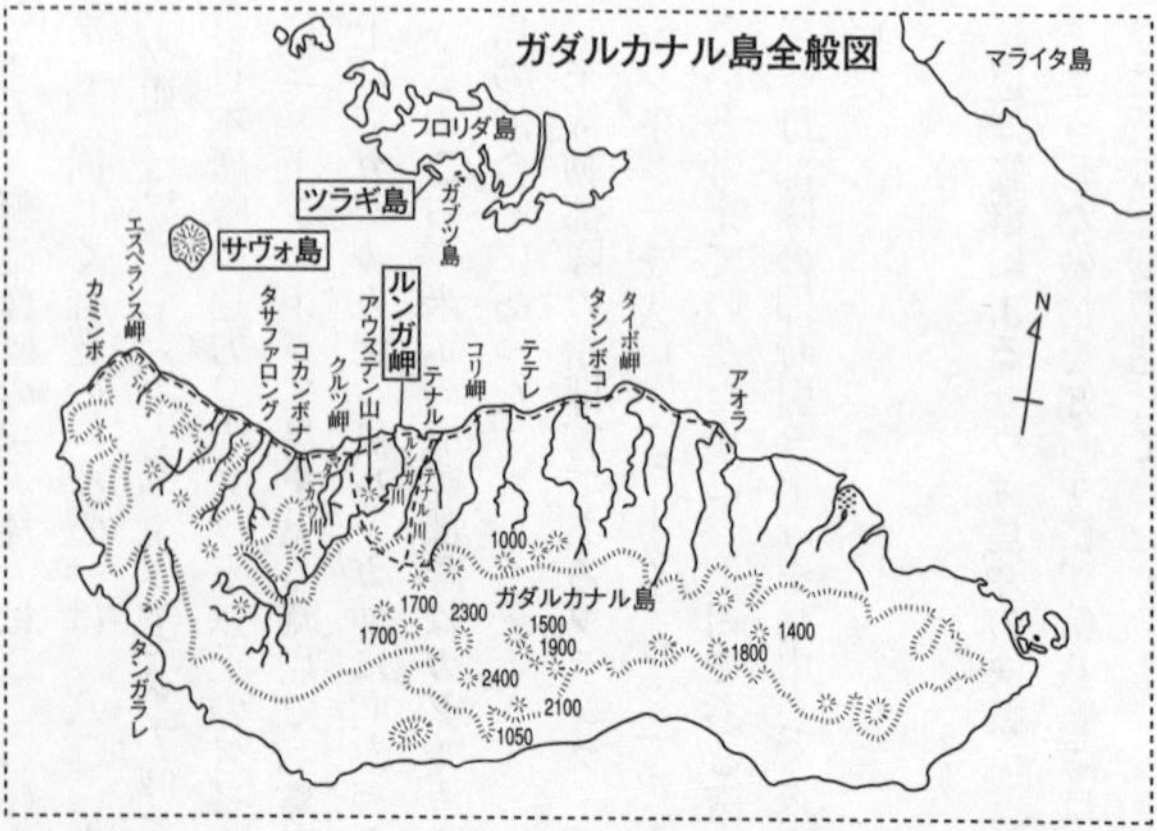

第一次ソロモン海戦編成表

（日本軍）

指揮官・第八艦隊司令長官三川軍一中将

第八艦隊旗艦　重巡「鳥海」

第六戦隊（司令官・五藤存知少将）

　重巡＝「青葉」「古鷹」「衣笠」「加古」

第十八戦隊

軽巡＝「天龍」「夕張」

駆逐艦＝「夕凪」

（米豪軍）

南方部隊（指揮官・クラッチレー少将）

重巡＝「オーストラリア」「キャンベラ」「シカゴ」

駆逐艦＝「パターソン」「バークレー」

北方部隊（指揮官・リーフコール大佐）

重巡＝「ビンセンス」「クインシー」「アストリア」

駆逐艦＝「ヘルム」「ウィルソン」

＊この他に、東方部隊（軽巡二、駆二）とレーダー哨戒隊（駆二）があった。

最初は出港五時間後、セントジョージ岬沖で米潜水艦に発見され、ついで八日午前八時に、ブーゲンビル島東方で米ロッキード・ハドソン哨戒機三機に発見された。だが、いずれも艦隊は急遽、進路を東に変更するなどして意図をかくしたため、米軍は気がつかなかった。

そして三度目は、八月八日午後十時四十三分、第八艦隊が速力二十六ノットで高速前進中、サヴォ島が見える地点で距離八千メートルの先をゆく敵駆逐艦二隻を発見した。米駆逐艦の二隻とも、旧式のレーダーを積んでいたため日本艦隊を捕捉《ほそく》できず反転していった。逆に、日本側の見張員の視力の方が敵艦をハッキリと視認していたのである。

日本艦隊は八日夜になって、索敵《さくてき》のため水上偵察機を発進させた。午後十一時三十一分、艦隊の左舷方向（ツラギ側）を航行中の敵巡洋艦三隻を発見し、ただちに魚雷を発射したが一発も当たらなかった。

この巡洋艦群は「ビンセンス」の率いる北方部隊で、米巡洋艦「ビンセンス」「クインシー」「アストリア」などで、いずれも九五五〇トンの排水量と、二十センチ砲を九門そなえている重巡洋艦群であった。

その直後、こんどは艦隊の右舷方向（ガダルカナル島側）八千メートル先に敵巡洋艦三隻を発見した。ただちに上空に待機中の偵察機に照明弾（吊光弾）を投下させて、周辺を明るくさせるとともに敵艦の名称確認をおこなった。その結果、米重巡「シカゴ」とオーストラリア重巡「キャンベラ」「オーストラリア」（いずれも九八七〇トン）それに米駆逐艦の「バ

沈みつつある重巡クインシーを「鳥海」の探照灯が捉えた瞬間

ークレー」と「パターソン」（いずれも一五〇〇トン）であることが判明した。

重巡四隻を撃沈する大勝

ただちに戦闘開始がつげられ、「鳥海」は距離三千七百メートル先にある敵艦にむけて魚雷四本を発射した。そして午後十一時四十二分、「鳥海」の放った魚雷が「キャンベラ」に命中し、火柱と衝撃音がつたわってきた。また日本軍の夜襲に気がついた北方部隊との交戦もはじまった。

さらに「青葉」「加古」「衣笠」がともに魚雷と艦砲射撃を敵艦群にくわえ、「シカゴ」「ビンセンス」「アストリア」「クインシー」など、いずれも重巡洋艦に命中・大破させる戦果を挙げることができた。

駆逐艦「夕凪《ゆうなぎ》」は、巡洋艦決戦をさけて後方にいたが、雷撃をうけて戦列をはなれてきた「シカゴ」に魚雷を発射し、これを撃沈した。「夕凪」は、ほかにも敵駆逐艦「ジャービス」を砲撃して大破させた。真っ暗闇のなかでの砲戦、雷撃戦のため、一時は「鳥海」のひきいる艦隊と「古鷹」につづく艦隊とがはなれたが、ふたたび合同したときには敵艦隊を挟むかたちになるという多分に幸運にもめぐまれた。

戦闘は八月九日、午前零時二十三分に終了したが、三川中将は敵空母の出現を恐れてただちに「全軍引き上げ」を命令し戦場から離脱した。

敵の重巡洋艦四隻を撃沈するなど、艦隊決戦には勝利をおさめたものの、敵輸送船団の殲《せん》滅《めつ》というもう一つの目的を達成できず反転したため、「鳥海」の艦長・早川幹夫大佐は、ガダルカナルのルンガ泊地にいる二十三隻の敵輸送船団を攻撃すべしとの意見具申を二度にわたって行なった。しかし、三川中将の決定をくつがえすことはできなかった。この三川中将の敵輸送船団への攻撃をせずに反転離脱した行為は、のちに批判されることになる。

三川中将は間違っていなかった

たしかに、引き返して敵の輸送船団に攻撃をくわえれば、おそらく一時的にガダルカナル島の戦局は大きな変化を見せたかも知れない。しかし、戦果をあげた時点で三川中将の頭をよぎったのは敵空母の存在と、わが国の工業能力が米国にくらべて格段に劣るため、味方の巡洋艦一隻を失うことは数隻の敵輸送船を撃沈することと同じと考えたとも推測できる。

そして、三川中将の決断はじつは間違ってはいなかったことが、当時の米軍の機動部隊配置図からうかがえるのである。

第一次ソロモン海戦の連合軍側夜戦配備

部隊（指揮官）	任務	艦名（艦種）
北方部隊（ビンセンス艦長）	北方水路の警戒	ビンセンス（米重巡） クインシー（米重巡） アストリア（米重巡） ヘルム（米駆逐艦） ウィルソン（米駆逐艦）
東方部隊（スコット少将）	東方水路の警戒	サンジュアン（米軽巡） ホヴァート（豪軽巡） モンセン（米駆逐艦） ブキャナン（米駆逐艦）
南方部隊（クラッチレー少将）	南方水路の警戒	オーストラリア（豪重巡） キャンベラ（豪重巡） シカゴ（米重巡） パターソン（米駆逐艦） バークレー（米駆逐艦）

米機動部隊はルンガ沖から三百浬の南方を遊弋していたから、味方輸送船団から緊急電報をうければ、一時間以内に数百機の艦上爆撃機が飛来してくるはずであった。かりにガダルカナル島ルンガ泊地の敵輸送船団の攻撃にむかい、敵輸送船を沈めることができても、それを知った米機動部隊は、躊躇することなく反転してきて三川艦隊を攻撃したであろうし、ルンガ沖からラバウル軍港まで千キロの行程の間に、米軍航空部隊の攻撃によって艦隊は全滅の憂き目にあっていたに違いない。

さらに、米軍はたとえ二十七隻の輸送船団を失っても、ただちに新手の輸送船団をガダルカナルに送ることは可能なほど、国力は充実していた。

三川中将は前述したように、フランス駐在武官時代に日本の貧弱な国力を十分に認識していたから、プラス、マイナスの計算をすばやくおこなって撤退を決断したものであろう。逆に、もしも戦果が少ない場合には、おそらく敵輸送船の撃滅に向かったであろうことも推察できる。

余談ながら、三川中将は戦後になってもソロモン海戦での戦場離脱にたいする自身の見解を一切語らず、一方的に批判されたまま亡くなったが、日本の工業生産力をかんがえれば三川中将の決断は決して間違ってはいなかったのではなかろうか。

なぜなら、この海戦における日本側の損害は、死者三十五人、負傷者五十一人であったのにたいし、米側の死者は一二七〇人、負傷七〇九人であった。このため、米軍ではこの海戦を「米海軍がこうむった最悪の敗戦であった」と発表したほど、米海軍にあたえた精神的打撃は大きかったのである。

ソロモン海を哨戒していた米軍の駆逐艦には、旧式ではあるが超短波のSCレーダーを装備していた。このレーダーは十キロ先まで探知できる能力をもっていたが、この決戦の夜は海上に霧が発生していたので、米軍としてもレーダーの能力を完全には信頼していなかった。

しかし、第二次ソロモン海戦になると、米軍は三十五キロ先まで確実に探知できるSGレーダーを備えるようになっていたから、第八艦隊にとってはラッキーとも言えた。

この第一次ソロモン海戦は、航空機の使用がない純粋に艦隊同士の決戦であり、この海戦以降は、かならず航空機が攻撃力として参加をしていた。その意味では、この第一次ソロモン海戦こそが最後の艦隊同士による夜間決戦であると同時に、戦艦参加のない軽艦隊同士の海戦でもあった。

【3】最後の艦隊同士の決戦：勝利の因子

サヴォ島沖における第八艦隊と米巡洋艦群との海戦は、第一次ソロモン海戦と呼ばれるが、最後に日本側の勝利の因子をまとめておこう。

出撃の即時決断

第一に、三川中将の出撃にさいしての「即時決断」である。

ふだん慎重な三川中将の即決であったために、出撃を逡巡《しゅんじゅん》していた山本司令長官は許可したのである。この即時決断が遅れた場合、その後の進捗《しんちょく》状況からみて米機動部隊は輸送船団護衛にもどってきたであろうし、出撃が半日遅れていたならば、敵艦隊との決戦は夜間とはならず、敵空母からの攻撃もうける可能性が十分にあった。

夜戦をえらんだ勇気

第二に、「夜戦での艦隊決戦を選んだ勇気」である。

陸上戦闘でも海上戦闘でも、日本軍は夜襲を得意としているといわれるが、それは米軍の物量が圧倒的に多く、またレーダーまでそなえた敵との昼間戦闘は、日本海軍にとって不利だからこそ夜間を選んでいるのであって、決して夜間戦闘が得意だからではない。まして、艦艇の夜間回頭や変針行動は味方艦艇同士の衝突事故や、人間が海中に放り出された場合でも探照灯をつけたり救出にいくことはできず、見方をかえれば自殺的行為ともいえる危険な作戦なのである。

敵には作戦意図をたくみに隠蔽

第三に、発見されたときの「偽装工作」である。

第八艦隊がラバウルを出撃してから戦場に到達するまでの間に、二度ほど敵に発見されている。しかし、偵察の敵を追いはらったあとも、しばらくは目的地とは正反対の針路を航行して、敵の目をごまかした。一刻も早く味方の救出をと考えている時点での転針はつらい行動であるが、我慢した慎重さは評価されるべきであろう。

勝ち戦さでの撤退する勇気

第四に、「いさぎよく勝ち戦さの戦場を反転」したことである。

たしかに、初期の目標は敵の大輸送船団への攻撃であるが、船団を護衛する艦隊と遭遇した以上は、夜間決戦をして敵艦隊を撃破する必要があった。しかし、敵護衛部隊を殲滅《せんめつ》してから、ガダルカナル島に陸揚げをおこなっている敵輸送船団を攻撃した場合は、どのような結果となるであろうか。

この時点における米機動部隊は、ガダルカナル島南方三百浬ほどのソロモン海を遊弋《ゆうよく》していたから、もしも、輸送船団が日本艦隊から攻撃をうけたと知れば、おそらく一時間以内に艦上爆撃機などが日本艦隊を何度もおそい、第八艦隊はサヴォ島沖合いで全艦撃沈の憂き目にあっていたに違いない。

しかも三川艦隊が米艦隊と戦闘をまじえていた時点で、敵の輸送船団はほとんど兵員と物資の揚陸を完了しており、空船《からぶね》の状態であったから、撃沈しても戦局への効果はなかったと言えるのである。

逆に、もしも第八艦隊が全滅した場合には、その後の海軍作戦もガダルカナル撤退と同じくらいの齟齬《そご》をきたした可能性もあったと見るべきであり、したがって三川中将の反転戦場離脱はむしろ正しかったと考える。

第十一章　ペリリュー島の戦い〔一九四四年九月十五日〕

――米海兵隊を震え上がらせた日本陸軍の戦いぶり

【1】米軍の狙いと上陸作戦

この章のペリリュー島の戦いと十二章・硫黄島の戦いは、結果において日本軍は玉砕することになったが、日本軍に数倍する数の米軍は、圧倒的な火力と物量をもって孤島を完全包囲し、二～三日で制圧するはずの戦いであった。

ところが実際には日本軍と同等もしくはそれ以上の損害を出して、所期《しょき》の目的を達成することができなかったことを考えれば、劣悪な条件のもとで日本軍部隊をたくみに指揮し、米軍に多大の損害を強いたペリリュー島の中川大佐と、硫黄島の栗林中将の戦いぶりは、勝利者といっても過言ではないほど優れたものであった。

このことは米軍が戦後から現在になっても、硫黄島を海兵隊の聖地とし、ペリリュー島の中川大佐をあつく顕彰《けんしょう》していることをみても、敗軍の将ではなく勝利者として高く評価していることからもうなずけることである。

フィリピン反攻の拠点とされたペリリュー島

さて昭和十八年（一九四三）も後半となると、米軍の対日反攻作戦はしだいに勢いをまし、日本軍はすでに四三年二月一日にはガダルカナル島からの撤退を余儀なくされ、同年五月にはアリューシャン列島のアッツ島が玉砕、さらに同年十一月にはマキン・タラワ島でも玉砕に追い込まれていた。

しかもガダルカナルを奪取した米軍が、ブーゲンビル島からニューギニア島に沿うかたちでフィリピンを目ざしていることは明らかであった。

そして一九四四年に入ると、米軍は日本の信託統治領《しんたくとうち》であったマーシャル諸島、カロリン諸島、パラオ諸島、マリアナ諸島へ軍を進めてきた。

この委任統治領は、ドイツ領であったものを、日本が第一次大戦後に国際連盟から統治の委任をうけた地域であり、ほぼ二十年の統治の間に、住民生活向上のために社会的インフラや教育機関などの充実をはかっていた地域である。

また、トラック島をはじめ軍事的に重要な拠点には、軍事施設を充実するなど、米海軍を仮想敵としてととのえてはいた。

しかし、四四年六月十九日のマリアナ沖海戦で日本海軍は惨敗し、このことは必然的に近くにあるサイパン島の陥落をひき起こした（四四年七月）。

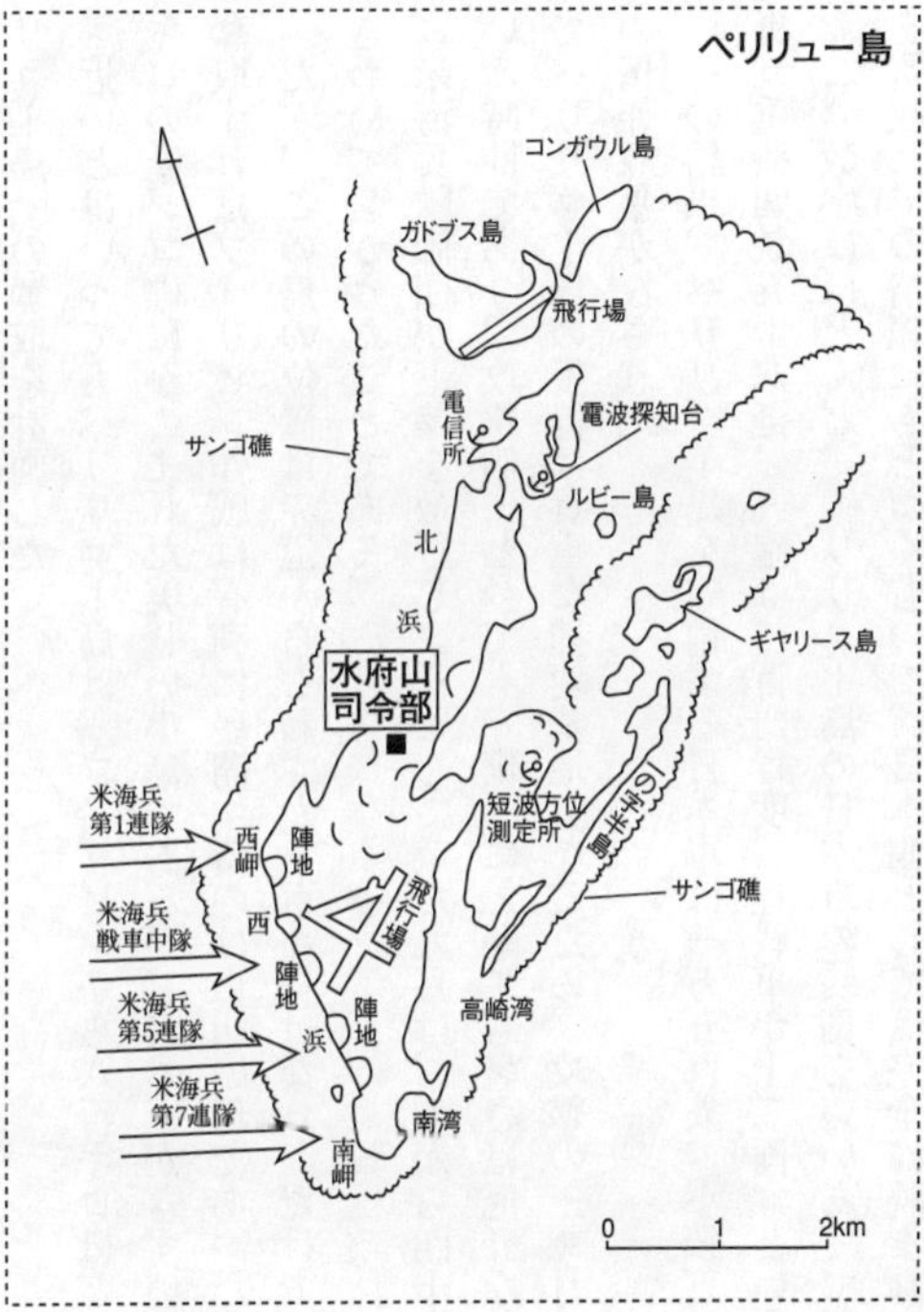

米軍は日本本土の攻略を目ざしてはいたが、その前に米軍の植民地でもあるフィリピンを何としても奪取すべく、ニューギニア島から島づたいにフィリピン群島を目ざした。

ところがフィリピンには日本軍の大部隊が駐屯していたため、空爆を実施する必要からもっとも近い島であるパラオ諸島内の「ペリリュー島」の奪取を計画した。

近いとはいってもペリリュー島は、フィリピンから八百キロほどはなれ、面積は十六平方キロのサンゴ礁にかこまれた美しい小島であるが、日本軍がきずいた飛行場もあり、これを奪取すればフィリピン作戦は有利に展開するのは自明の理であった。

だが、この島の位置は赤道からもわずか八百キロはなれただけであるから、四季を通じてきわめて暑かったことである。

米海兵隊師団が上陸を敢行しようとしていた九月は、朝から四十度前後の猛暑が連続している時期であり、攻撃側にとっても守備側にとっても暑さは厄介《やっかい》な敵であった。米軍にとってペリリュー島の獲得は貴重な補給基地となるため、攻撃の三ヵ月前から入念にペリリューの情報収集がなされた。

その結果、ペリリュー島を守備する日本軍は一万五百人、小銃五〇六六梃、軽機関銃二百梃、重機関銃五十八梃、火砲は二百門程度、軽戦車が十二両、という内容をつかんだ。

この数字はほとんど、ペリリュー島の日本軍の装備をいいあてていたが、これは現地住民を買収しての情報にもとづくもので、日本側としては完全に読まれていたわけである。

三倍以上の装備で押し寄せた米軍

米軍はこの情報にもとづいて作戦計画をねったが、先のマキン・タラワやアッツ島、あるいはサイパン島などにおける日本軍の防衛パターンから、日本軍の戦法と制圧方法をほぼ確実に掌握《しょうあく》していた。

　それは降伏をせずに、矢玉《やだま》が尽きれば日本刀をもって夜襲するか、自殺的なバンザイ突撃をしてくるというもので、いわばパターン化していたから、米軍としては日本軍から火力さえ奪ってしまえば、あとは日本刀による自殺的攻撃だけであることを知悉《ちしつ》していた。

ペリリュー島の日本軍守備隊にナパーム弾を投下する米軍機

　それゆえ、米軍が対ペリリュー戦用に準備した装備は、一万人といわれる日本軍の三倍以上を用意したうえに、攻撃の前に砲撃と爆撃をくわえて日本軍の火力を減殺《げんさい》さえすれば、比較的簡単に占領することができると考えていた。
　すなわち、米軍兵力は第一海兵師団、第八一歩兵師団、海軍部隊など、日本軍と直接戦闘をまじえるのは四万八七四〇人。
　兵器類は自動小銃、ライフル銃、カービン銃などが四万一三四六挺、機関銃は一四三六挺、ピストルは三三九九梃、火砲は七二九門、ロケット発射基一八〇、主力戦車一一七両をととのえたが、いわゆる攻撃側の「三倍原則」をゆうにオーバーしていた。

一方、ペリリュー島を守備する日本の部隊は、昭和十九年（一九四四）四月に満州北部のノンチャンから派遣されてきた歩兵第二連隊三五八八人を中核とし、各地からあつめた大隊や中隊など、合計すると一万一三八人がいたから、米軍の事前情報はほぼ完全といえた。そしてペリリュー島の総指揮官は、歩兵第二連隊長の中川州男《くにお》大佐が任命された。

帝国陸海軍はサイパン島が陥落した時点で、米軍のつぎの目標がフィリピンにあることは分かっていたが、東京の大本営としては、物量において圧倒的にまさる米軍の侵攻をできるかぎり遅らせ、その間にフィリピンにおける不足の航空機や弾薬・食糧などをあつめて防御をかためる必要があった。

そのためには、米軍がかならず奪取して補給基地建設をおこなうであろうペリリュー島が、少しでも日数をかせいで米軍を足止めしていてくれる必要があった。

そこで、連隊長の中川州男大佐に下された命令は、「一日でも多く島を守備せよ」というものだった。

徹底した米軍の上陸直前の砲爆撃

これに対して、ペリリュー島を奪取しようとする米軍の主力は、日本軍の戦法や癖などを知悉しているうえに一九四四年ともなると、日本の工業力も底をついた感があり補給も不可能となっているのに引きかえ、米軍は圧倒的な物量にささえられていると自負もしていた。

それゆえ米軍の士気はきわめて高く、ペリリュー島は鎧袖一触《がいしゅういっしょく》、二日〜三日で片づくであろうとだれもが楽観視していた。

もちろん、米軍がととのえた日本軍の三倍以上もの圧倒的内容をほこる軍事力を見れば、だれしも自軍の勝利を疑うものはなかった。

彼らのペリリュー攻略のスローガンは「スリーデイズ、メイビー、ツー（三日、多分二日）」というもので、なかには撃ち倒した日本将官から、記念に日本刀を取り上げることを宣言しているものも沢山いるほどだった。

つまり米軍は三日間で島を占領することを公言したが、中川大佐は部下たちに、最低三ヵ月間は島を守備せよ、自殺的攻撃は厳禁すると命令していた。

ペリリュー島は南北に細長く約八キロあるが、東西部分はせまく、もっとも広い部分でも二キロもない小さな珊瑚《さんご》でできた美しい島である。

この島は大部分が平坦だが、中央部から北に低い丘陵地帯がのびているため、中川大佐は中心の台地を第二連隊の司令部とし、連隊の原籍地が水戸であったので、この台地を「水府山」と名づけ、洞窟や珊瑚礁などをたくみに利用してコンクリートで固めるなどして、陣地の強化につとめた。

放棄されて赤さびた米軍戦車の残骸が往時のおもかげを伝える

そして、ついに昭和十九年（一九四四）九月十二日、米軍はペリリュー島への上陸にさきだつ事前攻撃を空と海から三日間かけて徹底的に開始した。

島を包囲した戦艦、巡洋艦から合計三四九〇トンの砲弾が叩きこまれ、空からは空母から発進した艦上爆撃機が爆弾五〇七・六トンを日本軍の本拠らしき場所に投下した。

このため、小さな緑の島はほとんど焼けこげ、生き物の生存を疑わせるような荒野を現出させた。

現在のペリリュー島はふたたび熱帯特有の植物におおわれ、小鳥のさえずりで静閑さもとりもどし、当時の面影は米軍の戦車の残骸などがところどころに散見される以外、激戦地であったことを忘れさせるほど平和である。

ともあれ、米軍の上陸は三日後の九月十五日朝からおこなわれたが、彼らはさらに徹底するために、部隊が上陸する直前にも、島を包囲した四隻の戦艦、重巡三隻、軽巡一隻、駆逐艦十七隻から猛烈な艦砲射撃をおこない、一四〇六トンの砲弾を小島に送り込んだ。

さらに、島の五キロ沖合いに進出した十隻の航空母艦から、爆弾を搭載した艦爆三八二機を出撃させ、日本軍の拠点と思われる一帯に集中して爆弾九十八トンを投下した。

これほど徹底した事前砲爆撃がおこなわれたあとの上陸作戦であるから、米軍の指揮官も兵もペリリュー島の占領を楽観視していたのも無理はない。

偵察機による島の高空と低空からの状況はアチコチで煙が上がるほかは、人間の姿はなく鳥の姿さえ見つけることはなく、もちろん、日本軍からの射撃など一切なかった。

こうして二九三隻の上陸用舟艇に分乗した第一波・海兵隊四千五百人は、午前八時に面積十六平方キロの美しい珊瑚礁にかこまれた小島に向かった。島は砲爆撃によっていたるところで黒煙を上げていたが、虫や鳥の声は何もなく静かで、日本軍の存在を示す兆候はなにもなかった。

【2】中川大佐の猛反撃

大音響が起きたのは、上陸部隊の舟艇群が白波を蹴たてて、あと五〜六メートルで砂浜に着地するというあたりで、波打ちぎわに点在する珊瑚礁《さんごしよう》に接近したときである。

赤い閃光《せんこう》がアチコチからひらめいて各舟艇を直撃し、轟音とともにひっくり返る舟艇からは米兵や銃器などが豆がこぼれ落ちるように弾《はじ》き飛ばされ、悲鳴と怒号と血飛沫《ちしぶき》がわきおこり、海岸一帯はまさに阿鼻叫喚《あびきようかん》の世界に一変した。

波打ちぎわでは六十隻の舟艇が破壊され、積み込んでいた装甲車は海に放り出され、たくみに飛びおりた海兵隊員も珊瑚礁に足をとられ、そこを倒れた装甲車が波におされて兵隊をふみつぶした。ようやく砂浜に上陸できた米兵にたいして、こんどは日本軍からの猛射があびせられ、つぎつぎと倒れていった。

アメリカ海兵師団の壊滅

慌てふためき、ほうほうの態《てい》で上陸した海兵隊にとって、あらかじめ計画された上陸地点に進むことなどまったく不可能で、後続部隊があらかじめ定めておいた上陸予定地点にたどりつくのがやっとであった。

したがって後続部隊も混乱し、上陸地点を失ってうろうろしたところを日本軍の猛射をあびてしまった。

このため、上陸一日の海兵隊の損害は死者百五十、負傷者一一四八人となり、ようやく海岸の一角に橋頭堡《きようとうほ》をきずいて落ちついたが、夜中になると日本刀をもった日本兵の夜襲がはじまり、一睡《いっすい》もできない状態であった。

上陸後、三日間で完全に島を占領できると信じていた、第一海兵師団のルパータス少将は頭をかかえたが、友軍からの援護は日本軍の司令部らしき中央の台地に、空爆を実施してもらうにとどまり、もはや味方艦艇からの艦砲射撃は自軍を損傷するので、後は上陸軍を増強するしか方法はなかった。

結局、米軍は戦車と装甲車にまもられた歩兵がカービン銃で、日本軍の陣地を一つずつ潰《つぶ》しながら前進する作戦にきりかえ、比較的平坦な地に建設されていた日本軍の飛行場を奪取したのは、上陸から十三日目の九月二十八日であった。

しかも、第一海兵師団は一、五、七の三つの連隊をもっていたが、そのうちの第一海兵連隊がまず五十五パーセント以上の損害をうけて後退した。

もちろん、アメリカ軍の上陸から十日もたつと、日本軍も司令部のある水府山を残して、周辺の平坦地はほとんど制圧されてしまった。

残存の兵力も、水府山周辺にこもる千五百人ほどになっていた。

中央台地にこもった中川大佐は、戦闘はむしろこれからが本番であり、米軍に損害をしいる絶好のチャンスであると部下を激励し、早まった出撃や自殺

戦車と共に進撃する米軍。樹木が砲爆撃の凄さを物語っている

的攻撃をあらためて厳禁した。

　米軍は、この中川大佐の戦術に完全にはまり、十月五日には第一師団のうち第七連隊も死傷一五三二人、損害四十七パーセントを出して戦闘能力を失った。さらに第五連隊も十月十一日には死傷率四十二・七パーセントの損害をうけて戦闘能力を喪失し、第一海兵師団そのものが崩壊してしまった。

　このため、第一海兵師団は第八一歩兵師団・ムラー少将に後を引きついでもらって、十月二十日に輸送機でペリリュー島を撤退していった。

三ヵ月も死守した強靭な意志と戦闘能力
　一方、中川大佐の守備範囲も十月二十三日には、ごく限られた水府山周辺となり、残存兵力も七百五十人となった。米軍の攻撃は防御用に積みあげる砂嚢《さのう》を戦車にのせて自軍兵士を攻撃からまもりつつ、一日十メートルの進撃速度で迫ってきた。

　十一月に入ると、水府山司令部のなかには水も食糧も弾薬もほとんどなくなったため、部下たちは最後の突撃を希望したが、大佐は、

「こんど、友軍機が来援したら、我々も討って出る、それまではねばれ」

といってバンザイ突撃を許さなかった。

　十一月十五日、日本軍のパラオ師団司令部は、ペリリュー部隊の奮戦にたいして、天皇か

ら十回も御嘉賞があったことを大佐に伝えたが、このことは日本の陸軍史上、例がない。

　だが、コメは一粒もなく、兵たちは痩せほそり弾薬の制限もうけている現状を見て、副官の根本甲子郎大尉は一同を代表して大佐に「もはや天皇にたいする忠誠は尽くしたと思います。友軍機も来ないと思うし、これ以上の防御体制は兵たちの体力を衰弱させるだけですので、ぜひ出撃を許可して下さい」と進言した。

　しかし、中川大佐は、それでも首を縦にふらなかった。理由は、

「軍人は最後まで戦うのが本務であるし、大本営としては一日も長く守って欲しいと望んでいる。我々が陥落すれば、それだけフィリピンでの米軍の圧力が強くなるし、それだけ日本が窮地に追い込まれる」

　というものであった。

　十一月二十日、米軍は百メートルの前にせまり、中川大佐のもとには五十人しかいなかったが、この日、十一度目の御嘉賞があったむね連絡があった。

　そして十一月二十四日、ついに最後の時がせまったので、大佐は軍旗を焼い

上空より俯瞰したペリリュー島と飛行場

たが、できるかぎりバンザイ突撃をせずに、ゲリラ戦法で敵を苦しめよ、と述べて自決した。

連隊長中川《なかがわ》州男大佐の自決によって、日本軍の組織的抵抗はおわったが、根本大尉以下、残った兵たちはゲリラ戦を徹底し、山口永少尉以下三十四人が米軍との戦いをやめたのは、昭和二十二年（一九四七）四月二十一日で、日本が降伏してから二年後であった。

敵将ニミッツも讃えた敢闘精神

中川大佐のペリリュー島守備隊は、最後は米軍によって制圧はされたが、米軍によるフィリピン攻略は確実に二ヵ月以上は遅れてしまった。

当初三日もあれば占領ができると楽観していた米軍司令部にとっては、大きな誤算であった。しかも米軍のなかでは最強をほこった海兵隊第一師団を壊滅状態にされたことは、部隊の士気にとっても今後の上陸作戦計画も全面的な見直しを迫られることとなったのである。

たとえば、この後に起こるサイパン島や硫黄島などへの上陸作戦は、事前砲爆撃のあと、いきなり大部隊を上陸させるのではなく、まず、先遣隊《せんけんたい》のような小規模の部隊で上陸地周辺を徹底調査し、敵の存在の有無や橋頭堡を確認したうえで、大部隊を上陸させるという方針が打ち出されるようになった。

戦後、米軍は太平洋諸島での上陸戦をふり返ったなかで、ペリリュー島と硫黄島の戦いをもっとも厳しい戦いと位置づけ、ペリリュー島と硫黄島にはそれぞれ米軍慰霊碑を建立した。

そしてペリリュー島の慰霊碑のかたわらには、日本軍の戦いぶりを賞讃する米太平洋軍司令官のニミッツ大将の署名入りの碑を建てたのである。

もちろん、日本側にとっても中川大佐の強靭《きょうじん》な戦いぶりは、大東亜戦争はじまって以来の功績であり、天皇をして十一回も御嘉賞をあたえられたことに、その評価の高さが現われている。まさに祖国の危機を救った人物であった。

ただ、大局的に見た場合、中川大佐が三ヵ月間も頑張っていたにもかかわらず、肝心のフィリピンを守備する日本軍は、貴重な時間をいかすことができなかった。その最大の責任は南方軍総司令官自身が戦局の重大さを認識せず、戦火のまったくない静穏なサイゴンで芸者と遊びほうけていたことにある。

【3】ペリリュー血戦：勝利の因子

ペリリュー島の戦いは、硫黄島の戦いと同様、最後は玉砕のかたちで部隊は消滅した。しかしながら、両島の戦いはいずれも完全に敵に包囲され、武器、弾薬、食糧、飲料など敵とはくらべものにならないほど貧弱ななかで、敵に大損害をあたえつづけたうえに、長期間戦いつづけて敵軍の進撃をくいとめている。

事実、ペリリュー島にはニミッツ長官が中川部隊をたたえる石碑を建てているし、硫黄島の場合には国立アーリントン墓地にまで、海兵隊の苦労をたたえた像をつくったほど、日本軍の攻撃はすさまじかった。

米陸軍と海兵隊が戦った第二次世界大戦の戦場で、敵の戦いぶりを高く評価したのは、ペリリュー島と硫黄島の戦いだけであったことを考えれば、両島の戦いとも日本軍の大勝利であったと考えるべきである。

さて、それではペリリュー島を三ヵ月間も死守した中川州男大佐の勝因とは、何であったのだろうか。

徹底した武器・弾薬・食糧の節約

第一に、補給のまったくない日本軍は「無駄弾《むだだま》を使わないよう」射撃はできるかぎり正確を期したことである。

武器・弾薬・食糧がいずれも限られており、無駄に浪費することは厳禁されていたために、敵を撃滅できると確実に考えられる場合まで攻撃をひかえ、発砲する場合もむやみやたらに弾丸を使うことなく、一発必中を心がけた点である。

バンザイ突撃の禁止

第二に、無駄死《むだじ》にとなる「自殺的攻撃を禁じた」ことである。

攻撃にはやる部下に、自殺的行為となるバンザイ突撃を厳禁し、さらなる忍耐と部隊の和をもとめ、それに成功していたことである。

たくみな陣地の構築

第三に、「味方陣地を敵から完全に隠蔽《いんぺい》」できたことである。洞窟や珊瑚礁の地形をたくみに利用した陣地構築であり、米軍の事前猛爆撃や砲撃にたえる構造をつくりあげていた。

強固な意志とねばり

第四に、「強固な目的を貫く意志とねばり」を持続したこと。一日でも多く時間をかせいで米軍占領を遅らせようとする強固な意志である。

ペリリュー島守備の目的を中川大佐は、指揮官と兵のすべてに徹底し、弾薬不足、食糧不足から死に急ごうとする部下を徹底していましめ、米軍の進撃速度をはやめることをさせなかったことである。

第十二章　硫黄島の戦い〔一九四五年二月十九日〕

――米軍の死傷者数が日本軍を上まわった唯一の戦い

【1】劣悪な環境の中で

昭和十九年（一九四四）に入ると、日本は太平洋の戦局において、もはや米軍の侵攻をくいとめるだけの兵力・装備・資源はなく、大陸からつぎつぎと陸上部隊をひきぬいて太平洋諸島の重要ポイントへ投入する事態に立ちいたっていた。拡大しすぎた太平洋諸島の防衛は、日本の国力の限界をはるかにこえ、米軍が戦場ごとに本国から新手《あらて》の兵力と装備をそそぎこんだのにくらべ、日本軍は新手がなく消耗につぐ消耗を強いられる状況にあった。

老兵部隊二万で守備についた栗林兵団

昭和二十年に入ると、日本の防衛ラインは小笠原《おがさわら》諸島まで後退し、ここが突破されればつぎは沖縄という深刻な事態にたちいたっていた。

それゆえ、小笠原諸島で何としても米軍の侵攻をくいとめ、時間をかせいで本土決戦にそなえる必要があった。

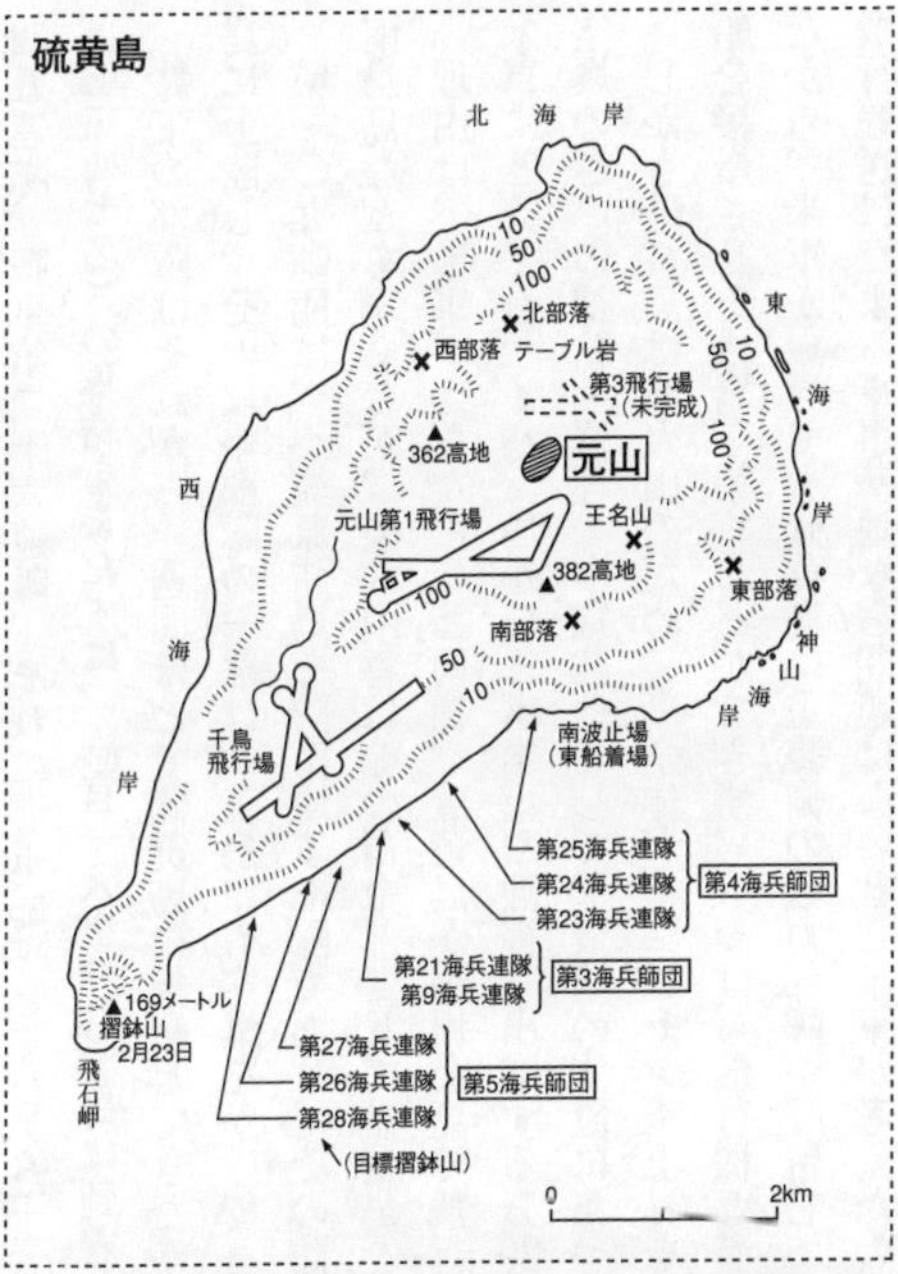

米軍が小笠原諸島のなかでももっとも重視したのが硫黄島であるが、理由は島内には飛行場があるため、日本本土や沖縄を空爆した爆撃機や戦闘機の補給・中継基地として使用を考えていたからである。

このため、栗林忠道中将は、昭和十九年五月二十七日付けで、第一〇九師団長に任命され、隷下《れいか》の部隊である小笠原兵団、歩兵第一四五連隊、戦車第二十六連隊、それに海軍部隊をくわえた二万九三三名（このうち海軍部隊は七三四七名）の集結をまたずに、副官一人をつれて島に到着したのは六月八日であった。

隷下の部隊はそれから一週間ほどで硫黄島に集結してきたが、同じころ、米軍はサイパン島に上陸し、その攻略部隊の一部は硫黄島にも空爆をかけてきた。

第一〇九師団は、小笠原諸島を防衛する部隊であり、その防衛範囲は父島、母島、硫黄島、南鳥島などをふくむが、栗林中将はその司令部として硫黄島をえらんだ。

理由は、米軍がえらんだのと同様、硫黄島が平坦な島で飛行場も複数が建設されており、米軍にとってもサイパン島から日本本土や沖縄へ出撃するB29の不時着地として、あるいは空爆のさいの補給・修理・中継基地として、最適の位置にあったからである。

しかも硫黄島は活火山のため、島全体が年に数センチ上昇をつづけるなどしているので、船を接岸させる桟橋を築くことができず、もっぱら飛行機と潜水艦による輸送にたよっていたから、米軍から見ても硫黄島に重装備の強力部隊が駐留しているとは考えられなかった。飛行輸送にたよる軍事基地なら問題はないと、米軍が考えたのも無理はない。

栗林中将の立てた恐るべき作戦

事実、飛行場は海抜一〇〇メートルの台地に元山《もとやま》第一飛行場と、海抜五〇メートルの台地に千鳥飛行場があり、さらに北部に第三飛行場を建設しようとしていた。

これほどの戦略的価値の高い硫黄島であるから、ここの守備をまかされた栗林中将にしてみれば、敵が圧倒的な兵力をもって攻撃してきても、断固として死守することが与えられた使命であり、味方が全滅するならば敵も全滅させるという闘志を内に秘めて、作戦を練りにねった。

その結果、数倍の敵を全滅するには、戦闘で倒れた味方の兵を何度も生きかえらせる必要があったが、そんなことは不可能なため、敵に奪いとられた陣地（壕）をふたたび日本軍がとりもどす作戦を考え出した。

すなわち、壕と壕との間を敵に分からないようトンネルで結べば、たとえ奪われても敵が気づかないうちに奪回でき、逆に敵の後ろから攻撃できるという案であった。

栗林兵団は二万人ほどいたが、そのほとんどは応召兵《おうしょうへい》であり、しかも年齢的には三十歳前後と高く、戦場での常識からいうならば「老兵」の部類にはいる部隊から編成されていた。

それだけに中将の将兵にたいする教育は、団結心と厳しい規律、そして果敢な戦闘力の育成を徹底させ、守るだけでなく損害の少ない果敢な攻勢にも転ずることができるよう、上下一体となった防衛力の構築にあった。

それでは、硫黄島とはどのような島であるのか、概略を述べておこう。

島の面積は二十平方キロにみたない小ささで、いびつな三角形をしており、端から端までもっとも長い部分で約八・三キロ、いちばん狭い個所で八百メートル、島の南端には高さ一六九メートルの擂鉢山《すりばちやま》が盛り上がっているほかは、ほぼ平坦な地形であり、北部はわずかに台地となっている。

要するに硫黄島は海底に巨大な裾野《すその》をもつ活火山の頂上部分にあたっており、島のいたるところには硫黄を噴き出す沼と白煙・黄煙が見られるが、スコールなどによって亜熱帯特有の植物も島をおおっている。

島には小さな集落が元山《もとやま》をかこむように東西南北に散在していたが、戦局が悪化するにつれて島民はみな本土などへ疎開《そかい》し、栗林兵団のほかには島民はいなかった。そしてこの島に海軍がきずいた飛行場があった。

水はなくサソリとゴキブリだけが繁殖

島全体が比較的平坦なだけに、飛行場として適してはいても、防御となると遮蔽物《しゃへいぶつ》がほとんど何もないだけに、きわめて難しい地形である。

それゆえ、防衛するためには地下に壕やトーチカを築いて、しかも敵からは見えないように隠しておく必要があった。

硫黄島は小さな島ではあるが、海中から見れば海から露出している部分は巨大な火山の頂上であり、毎日少しずつ地形が変化している状態の島である。

このため、船をつける桟橋《さんばし》を建設することが不可能であり、物資は飛行機か上陸用舟艇などによって砂浜に陸揚げするしかない。

この状況は、二十一世紀の現在でも同様であり、島を守備する海上自衛隊部隊にたいする補給は、航空自衛隊のＣ１３０輸送機にたよっている。

さらに硫黄島は活火山の島で硫黄ガスが噴出するため、毒蛇こそいなかったが、サソリと巨大な毒をもったゲジゲジ虫、それにゴキブリや蝿はきわめて多く、飲み水もまったくなくて衛生上の環境は劣悪であった。

おまけに地下十メートルも掘り進むと、地中温度は摂氏《せっし》四十九度にもなり、兵士たちがはく地下足袋《じかたび》のゴムが溶けてしまう熱さであった。また、飲料水は一切なく、わずかにスコールが来たときに洗面器などに集めたものを生活用水として利用する状態で、それも硫黄ガスが溶けこんだ水だから、煮沸《しゃふつ》をしてからコメを炊かないとすぐに下痢となった。

　筆者も二〇〇三年七月に硫黄島をおとずれ、島の各地に掘られた地下

地下壕陣地の入口。付近の岩には、いまも弾痕が残っている（写真／海上自衛隊）

壕に入ってみたが、あまりの熱さに五分としてジッとしていられなかった。壕の入り口は人ひとりがやっと入れるくらいの狭い穴だが、中に入ると大勢の兵士を収容できるよう幅はあるが、天井は低く牢獄にいるような閉鎖空間であり、地熱の暑さと硫黄の臭いのために、疲れたからといって壁に体をもたせかけることもできない。

いってみれば、今でも煙を吹きつづけている大島・三原山や九州・阿蘇山の頂上付近に、十メートルの地下トンネルを掘って陣地構築をしたようなものだから、現代の人間なら三日間いただけで発狂状態になってしまうのではと思われるほど、劣悪な環境であった。

それほど地熱のために熱く、入口からわずか二メートル奥へ入っただけで、三分もすると体はたちまち汗水でビッショリ濡れる有様だった。

摂氏四十九度の地下十五メートルに大トンネル工事

栗林中将は島に集結した兵士たちに、防衛のための陣地構築を説明したが、それによると司令部を北部台地の元山《もとやま》とし、摺鉢山《すりばちやま》には海軍砲台を設置すること、海岸付近には半地下形態のトーチカを随所に設置したうえで、島内全体の陣地を有機的に結合するための島内一周トンネルを掘ること、そしてすべての陣地や砲台は上空から見ても隠れるように設置することを下令した。

敵の二百五十キロ爆弾や戦艦の主砲から身をまもるには、地下十五メートルから二十メートルまで掘削《くっさく》する必要があったが、硫黄ガスと五十度近い地熱のために長時間の作業は頭痛と吐き気をもよおすため、最深部でも十三メートルまでしか掘削できなかった。

このため短時間で交代すること。また摺鉢山は七層にくり抜いて防御をほどこすこと。本土から運ばれた飲料水も食糧も階級の上下にかかわらず全員、平等に分けるが、違反した場合には厳罰でのぞむむねも伝えた。

さらに米軍来攻のさいの戦闘方法と訓練を、地下壕やトンネルを掘る合間に実施することもつたえ、心を合わせて陣地構築をやり遂げるよう訓示した。つまり中将のモットーは「指揮官陣頭《じんとう》、軍紀粛正、上下一体」で、硫黄島防衛に全力を尽くそうというものだったが、将兵すべては感奮し、その日から懸命に作業と訓練に埋没した。

栗林忠道中将は、もともと騎兵の出身であり、騎兵大佐の時に「愛馬進軍歌」という国民的愛唱歌を作詞したことで有名である。これは人馬一体の精神と馬への愛情をこめた歌で、作詞家としても非凡な才能があったが、本来、騎兵の精神である先頭にたって敵に切りこむという激しい闘志も秘めていた。

また、中将は米国やカナダへ駐在武官として勤務した経験もある、国際通の将軍でもあった。しかも清潔好きな性格でもあったから、島内の水もなく、サソリやゴキブリのうごめく不潔な生活には堪えられないほどの苦痛であったと思われる。

サイパン島が陥落すると、昭和十九年暮れからは硫黄島にたいしても毎日のように米軍機

硫黄島で陣頭指揮をする栗林中将

の空襲が連続するようになり、貯水槽も破壊され、水不足と食糧不足はますます深刻となったが、味方潜水艦による物資の補給も途絶えた。

そうなると他部隊の食糧を盗んだり、水を多く飲んだり、なかには内地後送を願って自らを傷つける者なども出るようになった。

とくに将校クラスには、その特権を利用して食糧や水を多くとるものも出たが、そうした場合の中将の態度は峻烈をきわめ、兵士たちから絶大の信頼をかちえた。

中将が構想した地下トンネルの長さは二十八キロであったが、米軍は七十パーセントほど完成の十八キロの段階で硫黄島に押し寄せてきた。

オリンピック金メダルの西中佐散る

余談ながら硫黄島の部隊には、第十回ロスアンゼルス・オリンピック大会（一九三二年）の馬術大障害で金メダルを獲得した騎兵中佐・西竹一《にしたけいち》も、守備隊の一員として参加していたので説明しておきたい。

栗林中将指揮下の西中佐は、戦車三中隊の十九両のほかに、歩兵・砲兵・工兵など約千五百名の混成部隊をひきいて、島の中ほどにある第二飛行場の東寄りに布陣していた。

西は、元外務大臣で男爵の西徳二郎の息子として生まれ、長じて陸軍に入ってから騎兵科に配属された。

第九回のアムステルダム大会に、陸軍は国産馬をもって出場したが欧州諸国の馬は馬体が大きく、小さな日本人だからポニー（子馬）に乗ってきたと揶揄《やゆ》され、笑われた。

それゆえ、陸軍としては、ロスアンゼルス大会で何としても名誉を挽回せねばならず、宮家も富豪たちも軍馬獲得のために資金を拠出した。こうして獲得したのが、悍馬《かんば》ではあったが跳躍力の優れたサラブレッドとアングロ系の血を持つ「ウラヌス」であった。

しかし、ウラヌスを乗りこなすヨーロッパ人はなく、日本から買いつけに出かけた武官も二の足をふんだ。ところが、西はこの情報を得るとただちに休暇願いを出して渡欧し、自分のポケットマネー二万円をはたいて購入し、ついでにイタリア、ドイツなどの各地の馬術競技大会に出場し、まずまずの成績をえて帰国した。

そしてロスアンゼルス大会では、馬術競技の華である大障害で西はみごとに優勝し、国家威信を発揚した。西はオリンピック大会では、「バロン・ニシ」（西男爵）として令名を内外にとどろかせ、欧米にも知己が多かった。

このため硫黄島に来襲した米軍は、西中佐の存在を知って彼を直接指名して投降を呼びかけてきた。

もちろん中佐は投降を拒否して戦いを続行し、三月十九日、東海岸の銀明水《ぎんめいすい》付近の戦闘で米軍の火炎放射器の攻撃をうけ、顔半分の火傷と片目を失明した。

だが西はひるまず、負傷兵とともに三月二十二日、ふたたび海岸付近にかたまる米軍めがけて突撃を敢行し、猛烈な機関銃の掃射をうけて倒れた。

死をさとった西は、同行していた若い見習士官に体を内地の宮城の方角にむけさせ、みずからの拳銃でこめかみに向かって引き金をひいた。

【2】恐るべき大物量作戦

米軍が襲来したのは、昭和二十年（一九四五）二月十九日午前八時、総指揮官は米第五艦隊司令長官のR・スプルーアンス海軍大将、攻撃部隊指揮官としてH・スミス海兵隊中将で、その下に第三海兵師団、第四海兵師団、第五海兵師団の合計七万五一四五人が殺到した。

保有した武器は上陸後に使用する武器として、火砲一六八門、戦車一五〇両、火炎放射器、機関銃、自動小銃など充分以上の弾薬を所持していた。

さらに、彼らを支援する輸送船・補給船など四九五隻のほか、支援艦艇として戦艦七隻、重巡洋艦四隻、駆逐艦十五隻、大型正規空母十七隻、護衛空母十一隻など、マーク・ミッチャー海軍中将の指揮する第五八機動部隊が硫黄島を十重《とえ》二十重《はたえ》にとりかこんだ。

十一万の兵力で襲いかかった米軍

硫黄島を直接攻撃する敵上陸部隊の数は七万五千だが、彼らを支援する海軍部隊将兵の数を合計すると十一万千三百人に達し、そのための物資は膨大な量にのぼった。弾薬・食糧はもとより、タバコ十億本、キャンデー、チュウインガム、髭剃りクリーム、トイレットペーパー、ジュース類、スナック、雑誌など、コンビニエンス・ストアー六千店分の雑貨が用意されていた。

米軍は上陸にあたって、マキン、タラワ、ペリリュー、テニアン、サイパンなどでの経験から、上陸三日前の二月十六日、島を三隻の戦艦、九隻の重巡洋艦、三十隻の駆逐艦、五隻の航空母艦でとりかこみ、三日間をかけて爆撃と艦砲射撃を徹底的におこなった。この事前砲爆撃だけで、島にあったわずかの緑もすべて吹き飛ばされ、全島は完全に焼けただれた状態となった。

そして、いよいよ上陸当日である二月十九日朝も、空母群から飛び立った艦載機が雲霞《うんか》のごとく飛来し、爆弾一二四トン、ロケット弾二二五四発、ナパーム焼夷弾百発を上空から撃ちこんだ。さらに島を包囲した機動部隊の戦艦、重巡洋艦、駆逐艦などの軍艦から猛烈な艦砲射撃をおこない、三万八五五〇発の砲弾を送りこんだ。

今も海岸周辺の岩に残る無数の弾痕

余談ながら、筆者が六十年後の二〇〇三年に硫黄島を訪れて、島内の海岸付近を見てまわったとき、海岸付近にちらばる無数の岩石にはいまでもハッキリと無数の銃弾・砲弾の痕がのこり、米軍の猛烈な艦砲射撃や機銃掃射のあとが生々しく残されており、あまりの凄まじさに怖気《おぞけ》をふるったほどである。

それほど、島に撃ち込まれた砲弾・銃弾の量は多かった。

この砲爆撃のために、摺鉢山は七分の一が吹き飛びどこから見ても生き物の生存は不可能と思われた。だが、日本軍の将兵は大部分が地下十五メートルの陣地内にひそんで、いまや遅しと米軍の上陸を待っていた。

米軍が主力部隊の上陸地点としてえらんだのは、島の南部にひろがる摺鉢山の真下につながる「南海岸」であった。黒い砂浜が数百メートルにわたってつづく海岸は上陸には最適であり、海岸から海抜一〇〇メートルの高さに達するには五〜百メートルのなだらかなスロープとなっていたからである。そして島の頂上は平坦で、そこに完全な滑走路が建設されていた。

そして南海岸の最南端には硫黄を吹く摺鉢山があったが、この山の高さは一六九メートルで、島では最も高い。

栗林中将は、この摺鉢山の中腹に海軍重砲を置くよう指示し、厚地兼彦大佐以下の海軍兵士が、口径十四センチ砲四門、十二センチ砲四門を、岩場と洞窟のあいだにたくみに隠し、材木でおおってカモノラージュして米軍の上陸を待っていた。

摺鉢山を背景に南海岸から上陸作戦を敢行するアメリカ海兵隊

米軍は硫黄島にたいする事前砲爆撃と空爆を徹底したあと、本格的上陸の直前にまず上陸地点の偵察部隊を南海岸に接近させた。ペリリュー島での悲惨な経験をいかした小規模の威力偵察部隊であった。

ところがこれを見た摺鉢山の海軍重砲部隊は、敵の上陸部隊と誤認したうえ、我慢できずに発砲してしまった。当然ながら砲台の位置がわかってしまい、米軍の猛烈な艦砲射撃で沈黙させられた。栗林中将の作戦では、敵を上陸させてから摺鉢山の重砲で、敵の側面を攻撃する予定であったから、作戦の第一段は失敗してしまった。米軍は上陸から四日後に早くも摺鉢山を占拠してしまったのである。

【3】敵を震え上がらせた栗林戦法

摺鉢山《すりばちやま》の砲台を沈黙させたので、米海兵隊は安心して大部隊の上陸を開始した。舟艇をおりた部隊は海岸に橋頭堡《きょうとうほ》をきずくいとまも惜しんで、戦車・ジープなどを先頭に低い斜面を進みはじめた。

だが、その瞬間、日本軍から猛烈な射撃をうけ、坂の途中から海岸まで阿鼻叫喚《あびきょうかん》の世界におちいった。悲鳴と怒号そして銃砲撃音のなかで、あわてた戦車とジープは方向転換して攻撃態勢に入ろうとしたとたん、こんどは地雷《じらい》が爆発して戦車は擱座《かくざ》し、ジープは吹き飛んだ。地雷は砂浜のスロープを越えてようやく土の地面に入ろうとする地点に多く設置されていたから、ジープと戦車の被害は大きかった。

中将みずから軍刀をふりかざして最後の突撃

米兵たちは戦車やジープの陰にかくれて応戦しようとするが、すでに潰《つぶ》して通過したはずの日本軍の壕から、いつのまにかふたたび日本兵がトーチカから銃をかまえて、前方をむく米軍兵士の後方と側面から攻撃をかけ、あるいは手榴弾《しゅりゅうだん》を投げるなどしたため、完全に立ち往生してしまった。

同士討ちをさけるために、空爆や艦砲射撃をおこなうことができない米軍は、新たな兵と武器を海岸に送り込むしか方法がなかったが、これこそ栗林中将が目指していた作戦であり、完全に主導権をにぎった。

夜になると日本軍は刀をふるって夜襲を敢行し、米兵をふるえあがらせた。このため、米軍は夜の間中も、照明弾を間断なく打ち上げて夜襲を警戒したが、兵たちは眠ることができず五日間での占領など不可能であることを悟った。

米軍は結局、日本軍のトーチカを一つずつ潰して前進する作戦に切りかえたが、トンネルで結ばれたトーチカであるから、占領したと思って安心して眠りについていると、いつの間にか日本軍が再占領したり、破壊した壕に日本兵が入り込んで海兵隊を背後から攻撃した。

こうした悪戦苦闘の末に、日本軍が組織的抵抗をやめたのは三月十四日であるが、それでも栗林中将は地下司令部で持久戦を命じて敵を悩ましつづけ、最後の突撃を下令したのは三月二十六日であった。

米軍は硫黄島の占領を五日間と想定したが、未曽有の大損害を出して島を征圧できたのは三十六日後であった。

中将は騎兵出身ということもあって、最後の突撃はほかの指揮官のように自決することなく、軍刀をふりかざして敵兵の集団にむかって突進した。栗林中将は銃弾を全身にうけ、出血多量で動けなくなると、しかばねを敵に渡すなと命じ、参謀の中根兼次中佐にピストルで頭部をうち抜かせて息絶えた。

硫黄島はアメリカ海兵隊にとって聖地

硫黄島にこもって米軍を迎え撃った栗林中将の第一〇九師団は、米軍を撃退こそできなかったが、とぼしい戦力と食糧事情のもとで、三倍以上の強力な敵に大損害をあたえ一ヵ月以上もの間、米軍を釘づけにした功績は高く評価されている。

もしも第一〇九師団に、米軍と同様の豊かな物量と補給がつづいていたならば、決して全滅することはなかったであろうし、逆に米軍を島から追い落としていたにちがいない。

戦闘の結果は、日本軍の死者一万八四〇〇名、負傷により捕虜となった者二五三三名、一方の米軍は死者六八二一名、負傷二万一八六五名で、死者数こそ日本側より少なかったが、負傷者のほとんどが重傷者で、戦後、社会復帰がかなわず身体障害者として余生を送っている。

日米戦争において、唯一、米軍の損害が日本軍を上まわった過酷《かこく》な戦場であった。

余談ながら、米海兵隊は現在でも硫黄島を海兵隊の「聖地」としており、毎年、米軍が上陸をした二月十九日には三千人からなる海兵隊員が、南海岸の砂地に一斉に上陸し、往時のようにテントを張って戦闘訓練を実施している。

硫黄島には日本政府との条約（ＮＬＰ）にもとづいて米軍人用の快適な冷暖房完備の宿舎

や食堂があるが、彼らはこれらの施設を一切利用せずに軍用キャンプを張り、すべて戦場での滞在と同じ環境で訓練と自活をして、往時の海兵隊の苦労をしのんでいる。

それほどまでに硫黄島は米軍にとっては聖地であるから、海兵隊を退役するときの隊からの記念品は、「硫黄島に掲げられた星条旗」と決められている。

そこで、退役する者のために摺鉢山頂上に建立した日本軍の記念碑と並んで、米軍の記念碑のかたわらに米国旗を立てるためのポールがあるが、このポールの上に必要な数の星条旗をとっかえひっかえ、ピストン運動のごとくに上げ下ろし、その旗を退役者に配っている。

猛烈な砲爆撃により形をかえた摺鉢山の上空を飛ぶ米軍機。硫黄島占領後の撮影

もちろん、硫黄島兵士の激戦ぶりをたたえて、米国はワシントンにある国立アーリントン墓地に、硫黄島占領のさいに星条旗をたてた兵士のブロンズ像を建立していることは周知のとおりである。また、この激戦で亡くなった日米兵士の遺族たちは、毎年、日米友好のための会をもうけて、交互に双方の国で慰霊と親睦・交流をおこなっている。

【4】硫黄島の戦い：勝利の因子

それでは、アメリカ軍を全滅状態にまで追いこんだ栗林忠道中将の勝因を見てみよう。

飛びぬけた指揮官の指揮統率能力

勝因の第一は、何といっても栗林中将の「統率力」である。

日本軍二万のうち七千人は海軍部隊であったが、もしも二万人すべてが栗林兵団ばかりの陸軍兵で構成されていたなら、さらに強力な戦力となっていたことは確かである。

わずか一つの齟齬《そご》をあげれば、米軍上陸の緒戦において、海軍部隊は接近する米軍を待つことができず、摺鉢山《すりばちやま》に隠していた十四センチ砲と十二センチ砲を発砲して所在を明かしてしまったことである。

だが、これは中将の威令が陸軍将兵には徹底できたが、海軍にたいしてはどうしても遠慮があったから、厳しい命令とはならず徹底できなかったことにある。

もしも米軍部隊が完全に上陸した後に、摺鉢山から十四センチ砲が火を吹いていたら、おそらく七万を超える米軍は全滅していたであろう。なぜなら摺鉢山に隠した砲台は、空からも海上の沖合いに停泊する米軍艦艇からも見えなかったし、昼間の砲煙は摺鉢山からあがる蒸気ガスとまじって見にくかったからである。

地下深く高温の穴に隠れた二万人

第二は、米軍の目から日本軍全将兵が完璧といえるほど「巧みに隠れたこと」である。日本の全軍が地下に隠れたために、米軍は日本軍の存在がまったくつかめなかった。

硫黄を吹く火山の地質のなかに二万の将兵が隠れひそむことなど、常識では決して考えられなかったから無理もない。上陸した米地上軍は地下の日本軍を相手に戦闘をしたが、海上から上陸戦闘を得意としてきた米海兵隊にとっては戸惑いの連続であった。

米軍サイドからみれば、硫黄島は活火山のため、大噴火こそしないがいたるところで硫黄が噴出し、島は毎年数センチずつ隆起《りゅうき》と移動をくりかえしているから、桟橋《さんばし》をつくることができず、飛行機で物資をはこぶか上陸用舟艇で直接海岸に乗り入れるしかない。

つまり全島を米軍で包囲された島には、救援の航空機も潜水艦も駆逐艦もいっさい近づくことができなかった。

補給が一切きかない島のうえに、日米戦局はもはや終焉《しゅうえん》に近づいており、日本の工業力も底をついていることが米軍首脳部でも確実に見通していたから、よもやこのような激しい戦意があるとは想像もできなかった。そこにこそ、米軍に大きな油断と慢心《まんしん》があったわけだが、栗林中将は敵の油断と慢心をみごとについたといえよう。

国を救う気概に燃えた将兵たち

第三は、栗林中将の命令を忠実にまもった「日本軍兵士のねばり」である。

食糧、飲料水、武器・弾薬のいずれもが乏しいなかで、日本軍を上まわる損害を米軍にあたえた戦闘精神は、称讃に値するものである。

とくに水は、文字どおり一滴もなく、当初雨水をためておいた急造の貯水槽を開戦早々に空爆と砲撃で破壊され、わずかに壕内に入れていた予備の少ない水だけが、部隊の飲料水だったからである。いかに栗林兵団が水に飢えていたか想像できるであろう。

栗林兵団がわずかに作り出した飲料水は、たった一箇所、海岸に面した崖の下から硫黄の蒸気が噴出していたが、これが上昇して岩をぬらし、さらに冷えて滴《しずく》となって落下した水をため、蒸留してから飲み水としたが、一人がようやく飲めるだけのスズメの涙しかなかった。

地下壕を有機的に連結させた陣地

第四は、「地下壕を有機的に結びつけた」ことである。

熱い地熱や毒をふくむ硫黄ガスの噴出する島に、まさか地下壕が十八キロも掘られているとは米軍は思いもよらず、一つの壕をつぶせば終わりと考えてつぎの壕とへ移動したが、つぶしたと思っていた壕がふたたび生き返り、背後から米軍を襲ったことである。

このため、米軍の損害は予想をはるかに超えるものとなった。

硫黄島は各所から熱い硫黄を噴きつづける活火山であり、海底に裾野《すその》をひろげているから島そのものは火山の頂上にあたる。そうした火山の頂上に、十メートル以上もの深い地下壕を掘るなど常識ではとうてい考えられず、しかも壕と壕とをトンネルで結んでいるなどと米軍は想像もできなかった。

栗林中将は物量豊富な米軍を壊滅させるには、「まさか」と思う作戦を採用し、大損害をあたえたのである。

おわりに

日本人は戦闘となると強い民族であったが、千三百年間の不敗神話が破れたショックによって、戦後の日本人の資質は理想だけの平和を追求する腰抜け民族に成り果ててしまった。若い男女たちは米国人同様、人前をはばかることなく堂々と手をつなぎ抱き合い、キスまで行なっている。

だが、米国の若者は国家に一朝ことあれば、ガールフレンドをそっと脇へおいて、軍隊に入り銃をとる覚悟があるが、日本の若者にそうした気概のある者は一割もいないであろう。平和は大切であるが、それを得るには汗と血も必要であることを放棄してしまったと言えよう。

米軍との戦争で尊い命を落とした日本人は、みな、祖国と家族など愛する人たちを守るべく銃をとったことは事実である。戦争の歴史を決して美談とするつもりはないが、純粋に国家防衛のために死んでいった人びとのためにも、子孫は教訓を学びとり生かさなければならない。

日本は戦後、経済大国になったためにＯＤＡで多額の貢献と出費をもとめられ、ＰＫＯ活動にも自衛隊を参加させるなど、ますます国際社会の現実を突きつけられている。

また国内でも国際化現象の進展で、多くの不良外国人が来日し、残忍な犯罪がウナギのぼりに増大している。

つまり安全保障や危機管理の意識が不可欠なのであるが、政治家も、官僚も、企業経営者も、そして大学教授なども、軍事の歴史を嫌って振り返ろうとはしていない。だが、国家は政治、経済、軍事の三本柱でバランス良く動くことが、結果として国民を安全と平和、そして繁栄に導くという認識をもつことが大切であり現実的認識なのである。

すでに見てきたように千三百年間、不敗を誇った日本人の戦いぶりは、現在の日本の政治、経済、外交、教育、科学、武士道精神など幾多の問題に対処するについての、多くの教訓を残しているのである。こうした教訓に学んで、いま、われわれ日本人は国際社会の現実や国家的危機に対応できる認識と判断力を身につけることを心掛けなければならない。

そして同時に、大東亜戦争において満足な水、食糧、弾薬もないなかで敵と戦い、国と家族をまもるために亡くなっていった先達の犠牲に、感謝の心を持ちつづける必要がある。戦没者のおかげで今日の日本の繁栄があることを決して忘れてはならないであろう。

また日本人の持つ武士道精神を国際社会にひろめ、武器を持たない人を決して傷つけないという鉄則を知らしめる義務がある。

〔参考文献〕＊京大西洋史辞典編纂会編『世界史辞典』東京創元社＊外務省外交史料館『日本外交史辞典』山川出版社＊京大日本史辞典編纂会編『日本史辞典』東京創元社＊京大東洋史辞典編纂会編『東洋史辞典』東京創元社＊山村明義『外務省、対中国、北朝鮮外交の歪められた真相』光文社＊山崎宏編『世界史辞典』評論社＊ロン・E・アシャー、土田滋訳『世界民族言語地図』東洋書林＊アンドルー・ヘリテイジ『世界史アトラス』集英社＊帝国陸軍参謀本部編『日本戦史・朝鮮役』村田書店＊黄文雄『満州国の遺産』光文社＊池上金男『幻の関東軍解体計画』祥伝社＊日比野文夫編『世界史年表』河出書房新社＊高坂正尭『戦後日米関係年表』ＰＨＰ研究所＊外務省編纂『日米交渉資料』原書房＊杉山徹宗『中国４０００年の真実』祥伝社＊杉山徹宗『中国の最終目的』祥伝社＊児島襄『指揮官』文春文庫＊池宮彰一郎『島津奔る』新潮文庫＊樋口清之『梅干と日本刀』祥伝社＊太田弘毅『蒙古襲来』錦正社＊大江一道『世界近現代全史　Ⅰ、Ⅱ、Ⅲ』山川出版社＊松丸道雄他編『中国史』山川出版社＊エドワード・ギボン、中野好夫訳『ローマ帝国衰亡史』筑摩書房＊有賀貞編『アメリカ史』山川出版社＊田中陽児編『ロシア史』山川出版社＊『激闘・旅順、奉天』学習研究社＊デニス・ウオーナー・妹尾作太男訳『日露戦争全史』時事通信社＊上田捷雄『東洋外交史』東大出版会＊斉藤孝『戦間期国際政治史』岩波全書＊杉山徹宗『大国の外交戦略史』鷹書房　＊高柳光寿編『日本史辞典』角川書店＊杉山徹宗、山岸勝榮編『未来をめざす大学改革』鷹書房＊上田、杉山、玉真編『企業の危機管理とその対応』鷹書房＊上田、杉山、阿部編『国家・国民と危機管理』鷹書房＊辻本祐次『圧勝の発想』ワック株式会社＊D・トーマス、関野英雄訳『スラバヤ沖海戦』早川書房＊半藤一利『ルンガ沖魚雷戦』朝日ソノラマ＊実松譲『日米情報戦記』図書出版社＊デービッド・カーン、秦郁彦訳『暗号戦争』早川書房＊武岡淳彦『戦国合戦論』プレジデント社＊司馬遼太郎『坂の上の雲』文藝春秋＊H・O・ヤードレー、平塚柾緒訳『ブラック・チェンバー』＊『満州国と関東軍』新人物往来社＊『玉砕戦全史』新人物往来社＊亀井宏『ソロモン海戦』学習研究社＊新人物往来社戦史室編『太平洋海戦全史』＊細谷千博『太平洋戦争』東大出版会＊外山三郎『大東亜戦争の教訓』原書房＊加登川幸太郎『第２次世界大戦史通史』原書房＊文藝春秋編『完本太平洋戦争１、２、３、４』文藝春秋＊国連広報局『国際連合の基礎知識』世界の動き社＊後藤英彦『日本をダメにした官僚の大罪』講談社＊杉山徹宗、山岸勝榮他『未来を目指す大学改革』鷹書房弓プレス社＊城山三郎『硫黄島に死す』新潮社＊THE JAPANESE, Edwin O. Reischauer, HAEVARD UNIVERSITY PRESS, Cambridge, Massachusetts, 1977 ＊ The Fighting Ship of the Royal Navy, Military Press, New York, 1990

写真提供／雑誌「丸」編集部・米国立公文書館・著者

単行本　平成十七年二月「目からウロコの勝者の戦略」改題　光人社刊

NF文庫

日本人が勝った痛快な戦い

二〇一八年五月二十二日　第一刷発行

著者　杉山徹宗

発行者　皆川豪志

発行所　株式会社　潮書房光人新社

〒100-8077　東京都千代田区大手町一-七-二

電話／〇三-六二八一-九八九一(代)

印刷・製本　凸版印刷株式会社

定価はカバーに表示してあります

乱丁・落丁のものはお取りかえ致します。本文は中性紙を使用

ISBN978-4-7698-3069-6　C0195

http://www.kojinsha.co.jp

NF文庫

刊行のことば

第二次世界大戦の戦火が熄《や》んで五〇年——その間、小社は夥しい数の戦争の記録を渉猟し、発掘し、常に公正なる立場を貫いて書誌とし、大方の絶讃を博して今日に及ぶが、その源は、散華された世代への熱き思い入れであり、同時に、その記録を誌して平和の礎とし、後世に伝えんとするにある。

小社の出版物は、戦記、伝記、文学、エッセイ、写真集、その他、すでに一、〇〇〇点を越え、加えて戦後五〇年になんなんとするを契機として、「光人社NF（ノンフィクション）文庫」を創刊して、読者諸賢の熱烈要望におこたえする次第である。人生のバイブルとして、心弱きときの活性の糧《かて》として、散華の世代からの感動の肉声に、あなたもぜひ、耳を傾けて下さい。

＊潮書房光人新社が贈る勇気と感動を伝える人生のバイブル＊

ＮＦ文庫

軍馬の戦争
土井全二郎

戦場を駆けた日本軍馬と兵士の物語

日中戦争から太平洋戦争で出征した日本産軍馬五〇万頭——故郷に帰ることのなかった〝もの言わぬ戦友〟たちの知られざる記録。

潜水艦作戦
板倉光馬ほか

日本潜水艦技術の全貌と戦場の実相

迫力と緊張感に満ちた実録戦記から、伊号、呂号、波号、特潜、蛟龍、回天、日本潜水艦の全容まで。体験者が綴る戦場と技術。

生き残った兵士が語る戦艦「大和」の最期
久山 忍

五番高角砲員としてマリアナ、レイテ、そして沖縄特攻まで歴戦し、奇跡的な生還をとげた坪井平次兵曹の一挙手一投足を描く。

戦場に現われなかった戦闘機
大内建二

理想と現実のギャップ、至難なエンジンの開発。量産化に至らなかった日米英独他六七機種の試行錯誤の過程。図面・写真多数。

「愛宕」奮戦記
小板橋孝策

旗艦乗組員の見たソロモン海戦

海戦は一瞬の判断で決まる！　重巡「愛宕」艦橋の戦闘配置についた若き航海科員が、戦いに臨んだ将兵の動きを捉えた感動作。

石原莞爾 満州合衆国
早瀬利之

国家百年の夢を描いた将軍の真実

「五族協和」「王道楽土」「産業五ヵ年計画」等々、ゆるぎない国家誕生にみずからの生命を賭けた、天才戦略家の生涯と実像に迫る。